手描き地図分析から見た知覚環境の発達プロセス

吉田和義著

風間書房

序

　本書は、新たな地理教育に関する基礎理論の構築を目指す、著者のこれまでの実証的研究の諸成果を主体に、博士論文として再構成したものである。

　人格形成とも深くかかわる地理教育の重要性については、古くはカントの『自然地理学』において、また、明治後期には創価教育学会の創設者牧口常三郎の著した『人生地理学』によって、明確に示されてきた。

　しかしながら、その後わが国においては、指導技術に関する教育現場での実務的研究は進みながらも、とかく「歴史」と共に「地理」を単なる暗記科目とみる一部教育界の通弊もあって、地理教育の基礎理論に関する研究は著しく不活性なものとなっていた。

　そのうえ、第二次大戦直後の教育政策の変更によって、地理教育が社会科教育に取り込まれ、しかも十分な根拠が示されないまま、現在に至るまで踏襲されてきた結果、とりわけその基礎理論研究は不振を極めてきた。

　また、自然地理的分野が理科教育の一部となり、自然環境と人間生活とのかかわりを、諸地域について具体的に認識する学習機会が著しく乏しくなったことも否めない。

　学校教育における地理教育の最も重要な役割は、自然と人間との多様なかかわりに気付くと共に、人格形成と深く結びつく現代の世界像の形成支援にある。

　これは、自我を中心とした、ゆるやかな圏構造をなすものとされる。とくにその中核部分の形成は、幼児期から始まる自らの様々な空間行動によって獲得された知覚環境、すなわち環境像が重要な役割を果たしていると考えられる。学校教育における地理教育は、元来、この知覚環境を認識的な環境像に転換させ、さらに可能な限り、それを押し広げ、現代の世界像の基礎構造

としようとするものである。

　しかしながら、この理論はなお、仮説の域を完全に脱しきれているとは言えず、とりわけその中核部分の構造とその形成および発達の過程については、久しく臨床的な実証研究の蓄積が期待されてきた。

　本書は、この問題に関する内外の諸研究を踏まえつつ、かつて著者が勤務していた小学校の諸現場において、数十年に亘り地道に蓄積された膨大な諸成果を基礎としている。ここでは主として子どもの手描き地図の詳細な分析を通じて先述の環境像の形成と発達の過程を実証的に明らかにした労作となっている。

　著者によるこの長年に亘る努力の成果によって、わが国においても地理教育の基礎理論が格段に精緻かつ強固なものとなり、今後の地理教育の発展に大きく寄与することが期待される。

東京学芸大学名誉教授
理学博士　斎　藤　　毅

は じ め に

　本書は、2016年3月に日本女子大学大学院人間社会研究科に提出した博士（教育学）学位請求論文「地理教育カリキュラム開発のための子どもの知覚環境の発達プロセスに関する研究」を基にさらに加筆修正し、まとめたものである。

　子どもは、大人と異なる方法で周囲の環境を知覚することが知られ、独自の方法で読み取り、その子どもなりの価値観に従って意味づけをする。言わば、子どもは大人と異なる文化を身に付け、そのフィルターを通して世界を見ている。子どもの知覚環境は、頭の中に作られたもう一つの環境と考えられる。このような子どもの知覚環境は、発達によって大きく変化する。特に年少の子どもは、相貌的な知覚の傾向が強く、環境のとらえ方が大人とは著しく異なり、学年が上がるに連れ、それが急速に変化する。したがって、子どもの知覚環境を明らかにする上で、学年に応じた発達プロセスを解明することが重要である。

　子どもの知覚環境を明らかにするために、子どもが白紙に自由に描く手描き地図の分析を中心に研究を進めた。およそ10年間に延べ1,390枚の手描き地図を収集し、それらを分析・解釈した。さらにアンケート調査、写真投影調査、行動観察調査等を併用し、子どもの知覚環境の実態を追究した。

　子どもは幼い頃から、その子なりの世界像を形成している。まるで地理学者が世界を読み解くように、自分のまわりにどのような世界が広がっているか、その子なりに了解しようとする。そのような世界像は、行動を起こすとき及び物事を考えるときの拠り所となる。身近な地域に関する知覚環境は、世界像の中核をなすと考えられる。このような子どもの世界像をより客観的で科学的なものへ導く営みが、学校教育を中心とした地理教育の重要な役割

であると考えられる。

　小さな子どもは本来地図好きである。白い紙を配り、地図を描いてみようと投げかけると、興味深そうに喜んで取りかかる。教室ではじめて地図帳を手にすると、しばらくの間子どもは歓声をあげて地図に見入っている。しかし、実際に地図を活用しようとすると、様々な困難に出会う。地図を描こうとしたとき、位置関係をどのように表現したらよいか迷ったり、自分の居る場所が、地図の上でどこになるか分からなかったりする。これは、ひとつには子どもの地図のとらえ方と大人の地図のとらえ方には、大きな隔たりがあることによると言える。発達段階に従って、子どもを大人の地図の世界に誘うことが、地理教育には欠かせない。はじめに子どもの実態をとらえ、それに基づいて地理教育カリキュラムを構築することが求められる。

　本書では、子どもの知覚環境の実態とその発達プロセスの解明を試み、地理教育との関連を考察した。本書は、子どもと環境との関わりを考える契機を与え、多少なりとも望ましい地理教育の構築に寄与できるものと期待される。お読みいただいた多くの方々からご叱正とご教示を賜れれば幸甚である。

　最後に本書の出版をお引き受けいただいた風間書房社長の風間敬子氏に厚く感謝申し上げる次第である。

　本書は、主に以下の研究論文をもとにして構成した。

吉田和義（2008a）：子どもの遊び行動と知覚環境の発達プロセス．地理学評論（日本地理学会）81　671-688.
吉田和義（2008b）：手描き地図からみた子どもの知覚環境の特性－東京都稲城市押立地区の事例－．学芸地理（東京学芸大学地理学会）63　23-33.
吉田和義（2012）：子どもの知覚環境と身近な地域の学習．新地理（日本地理教育学会）60(1)　10-13.
吉田和義（2015）：小学校第3・4学年における子どもの知覚環境の発達に関する研究．新地理（日本地理教育学会）62(3)　29-42.

目　次

序（斎藤　毅）
はじめに

第1章　序論 …………………………………………………………… 1
　第1節　研究目的 …………………………………………………… 1
　第2節　先行研究 …………………………………………………… 5
　第3節　研究方法と研究対象地域 ………………………………… 19
　第4節　本書の構成 ………………………………………………… 23

第2章　知覚環境の発達の一般的特色 …………………………… 27
　第1節　調査方法 …………………………………………………… 27
　第2節　研究対象地域の概要 ……………………………………… 28
　第3節　手描き地図の分類方法 …………………………………… 30
　第4節　調査結果 …………………………………………………… 33
　第5節　知覚環境の発達の特色 …………………………………… 58

第3章　ルートマップの形成　第1・2学年 ……………………… 61
　第1節　小学校第1・2学年の知覚環境 ………………………… 61
　第2節　第1・2学年における手描き地図の形態分類 ………… 63
　第3節　第1・2学年における建物表現の形式 ………………… 64
　第4節　第1・2学年における手描き地図に描かれた要素 …… 66
　第5節　個別児童の手描き地図の特色 …………………………… 71
　第6節　第1学年から第2学年への手描き地図の変化 ………… 74

第7節　生活科学習と知覚環境の発達 ………………………………… 76
　第8節　地図に関する問題解決　第1・2学年 ………………………… 79
　第9節　第1・2学年における知覚環境の発達 ………………………… 80

第4章　ルートマップからサーベイマップへの移行　第3・4学年 … 83
　第1節　小学校第3・4学年の知覚環境 ………………………………… 83
　第2節　第3・4学年における手描き地図の形態分類 ………………… 84
　第3節　第3・4学年における手描き地図に描かれた要素 …………… 86
　第4節　第3・4学年における建物表現の形式 ………………………… 89
　第5節　第3・4学年の知覚環境の特色 ………………………………… 90
　第6節　第3・4学年の社会科における地理学習との関連 …………… 91
　第7節　第3・4学年における子どもの遊び行動 ……………………… 93
　第8節　個別児童の手描き地図の特色 …………………………………… 98
　第9節　第3学年から第4学年への手描き地図の変化 ………………… 103
　第10節　地図に関する問題解決　第3・4学年 ………………………… 105
　第11節　第3・4学年における知覚環境の発達 ………………………… 106

第5章　サーベイマップの発達　第5・6学年 …………………………… 109
　第1節　小学校第5・6学年における知覚環境 ………………………… 109
　第2節　第5・6学年における手描き地図の形態分類 ………………… 110
　第3節　第5・6学年における建物表現の形式 ………………………… 111
　第4節　第5・6学年における手描き地図に描かれた要素 …………… 112
　第5節　個別児童の手描き地図の特色 …………………………………… 116
　第6節　第5学年から第6学年への手描き地図の変化 ………………… 121
　第7節　第5・6学年の社会科学習との関連 …………………………… 122
　第8節　地図に関する問題解決　第5・6学年 ………………………… 124
　第9節　第5・6学年における知覚環境の発達 ………………………… 124

第6章　地域的特色と知覚環境 ……………………………… 127
第1節　地域的特色の知覚環境への影響 …………………… 127
第2節　ニュータウン地域における知覚環境 ……………… 128
第3節　住宅地と農地が混在する地域における知覚環境 … 135
第4節　地域的特色と知覚環境の発達 ……………………… 137

第7章　知覚環境の年次変化　2004年と2014年 …………… 141
第1節　年次変化の調査方法 ………………………………… 141
第2節　手描き地図の形態分類の比較 ……………………… 142
第3節　建物表現の形式の比較 ……………………………… 143
第4節　手描き地図に描かれた要素の比較 ………………… 144
第5節　近年における子どもの生活の変化 ………………… 146
第6節　押立地区の変容 ……………………………………… 151

第8章　知覚環境の発達と地理教育 ………………………… 157
第1節　地域学習と知覚環境の発達 ………………………… 157
第2節　身近な地域の学習　授業実践例1　大丸地区 …… 158
第3節　身近な地域の学習　授業実践例2　押立地区 …… 169
第4節　知覚環境の発達への身近な地域の学習の影響 …… 177
第5節　他教科との関連　算数 ……………………………… 178

第9章　結論 …………………………………………………… 181
第1節　知覚環境の発達に関する諸要因 …………………… 181
第2節　知覚環境の発達プロセス …………………………… 185
第3節　地理教育への示唆 …………………………………… 187
第4節　今後の課題 …………………………………………… 189

参考文献 ……………………………………………………… 191
あとがき ……………………………………………………… 199
索引 …………………………………………………………… 201

図 目 次

図1－1　知覚環境の発達に関する研究の図式 ……………………… 3
図1－2　地形的表象の個体発生を示す模式図 ……………………… 12
図1－3　空間参照系の種類 …………………………………………… 13
図1－4　研究対象地域　東京都稲城市 ……………………………… 21
図1－5　本書の構成 …………………………………………………… 23
図2－1　研究対象地域　長峰地区 …………………………………… 29
図2－2　手描き地図の分類例 ………………………………………… 31
図2－3　手描き地図の分類モデル …………………………………… 33
図2－4　手描き地図の形態分類 ……………………………………… 34
図2－5　手描き地図　ルート1型　保育園年長 …………………… 35
図2－6　手描き地図　ルート1型　小学校第1学年 ……………… 35
図2－7　手描き地図　ルート2型　小学校第3学年 ……………… 36
図2－8　手描き地図　サーベイ2型　小学校第6学年 …………… 36
図2－9　手描き地図　サーベイ2型　中学校第1学年 …………… 37
図2－10　手描き地図に描かれた要素の種類 ………………………… 38
図2－11　建物表現の形式 ……………………………………………… 41
図2－12　地図を描く用紙の枚数 ……………………………………… 42
図2－13　小学校を描く要素の種類 …………………………………… 49
図2－14　学校を描いた手描き地図　小学校第2学年 ……………… 50
図2－15　簡略化した手描き地図　小学校第6学年 ………………… 51
図2－16　子どもが撮影した写真　第3学年児童2－③　プール …… 54
図2－17　子どもが撮影した写真　第3学年児童2－③　歯医者 …… 54
図2－18　手描き地図　小学校第3学年児童2－③　学校が強調される … 55
図2－19　子どもが撮影した写真　第3学年児童2－⑦　青公園 …… 56

図2−20	子どもが撮影した写真　第3学年児童2−⑦　若葉台の風景	56
図2−21	手描き地図　小学校第3学年児童2−⑦	57
図2−22	知覚環境の発達	58
図3−1	研究対象地域　押立地区	62
図3−2	手描き地図の形態分類　小学校第1・2学年	64
図3−3	建物表現の形式　小学校第1・2学年	65
図3−4	手描き地図に描かれた要素の種類　小学校第1・2学年	66
図3−5	用水路と橋	69
図3−6	ABC公園の鉄棒	70
図3−7	手描き地図　小学校第1学年　非ルート　児童3−①	72
図3−8	手描き地図　小学校第2学年　ルート1型　児童3−①	72
図3−9	手描き地図　小学校第1学年　ルート1型　児童3−②	73
図3−10	手描き地図　小学校第2学年　ルート2型　児童3−②	74
図3−11	手描き地図の形態分類の変化　小学校第1・2学年	75
図3−12	生活科の年間指導計画	78
図3−13	第1・2学年における知覚環境の発達の模式図	81
図4−1	研究対象地域　大丸地区	84
図4−2	手描き地図の形態分類　小学校第3・4学年	85
図4−3	手描き地図に描かれた要素の種類　小学校第3・4学年	86
図4−4	薬局クリエイト　ランドマークとなる	87
図4−5	建物表現の形式　小学校第3・4学年	90
図4−6	手描き地図　小学校第3学年4月児童4−①	98
図4−7	手描き地図　小学校第3学年3月児童4−①	99
図4−8	学区域にある踏切	101
図4−9	手描き地図　小学校第3学年4月児童4−②	102
図4−10	手描き地図　小学校第3学年3月児童4−②	103
図4−11	手描き地図の形態分類の変化　小学校第3・4学年	105

図4-12　第3・4学年における知覚環境の発達の模式図 ……………… 107
図5-1　手描き地図の形態分類　小学校第5・6学年 ………………… 110
図5-2　建物表現の形式　小学校第5・6学年 ………………………… 111
図5-3　手描き地図に描かれた要素の種類　小学校第5・6学年 …… 113
図5-4　道路沿いに見られるなし畑 …………………………………… 114
図5-5　いちょう並木通り ……………………………………………… 116
図5-6　手描き地図　ルート2型　小学校第5学年　児童5-① …… 117
図5-7　手描き地図　サーベイ1型　小学校第6学年　児童5-① … 118
図5-8　手描き地図　サーベイ1型　小学校第5学年　児童5-② … 119
図5-9　学校の校舎から北を望む景観　鉄道と多摩丘陵が見える …… 119
図5-10　手描き地図　サーベイ1型　小学校第6学年　児童5-② … 120
図5-11　手描き地図の形態分類の変化　小学校第5・6学年 ………… 122
図5-12　第5・6学年における知覚環境の発達の模式図 ……………… 125
図6-1　研究対象地域　長峰地区 ……………………………………… 129
図6-2　小学校の校庭と体育館　長峰地区 …………………………… 130
図6-3　手描き地図の形態分類の比較 ………………………………… 132
図6-4　手描き地図の建物表現の比較 ………………………………… 132
図6-5　ぞうさん公園　長峰地区 ……………………………………… 134
図6-6　ニュータウン内の広場と集会施設　長峰地区 ……………… 134
図6-7　研究対象地域　押立地区 ……………………………………… 135
図6-8　押立地区の小学校 ……………………………………………… 136
図7-1　手描き地図の形態分類　2004年と2014年 …………………… 142
図7-2　建物表現の形式　2004年と2014年 …………………………… 144
図7-3　外遊び・スポーツの時間 ……………………………………… 147
図7-4　小学生の遊び場 ………………………………………………… 149
図7-5　小学生がテレビゲームをする時間　第4学年 ……………… 150
図7-6　遊び環境の悪化の循環 ………………………………………… 151

図7-7	押立地区における人口の推移	152
図7-8	押立地区の小学校の児童数の推移	152
図7-9	学区域周辺　1998年	153
図7-10	学区域周辺　2009年	154
図8-1	子どもが作った地域の地図	162
図8-2	授業デザイン　第3学年社会「学校のまわりのようす」	165
図8-3	地図に関する問題解決	168
図8-4	学区探検カード	172
図8-5	学区探検の様子　駅周辺の見学	173
図8-6	身近な地域の学習前後における手描き地図の形態分類	174
図8-7	手描き地図　児童8-①　4月　非ルート	175
図8-8	手描き地図　児童8-①　5月　サーベイ1型	176
図8-9	手描き地図　児童8-①　3月　サーベイ1型	176
図8-10	身近な地域の学習前後の知覚環境	177
図9-1	知覚環境の発達プロセス	184

表 目 次

表1-1	子どもの知覚環境に関する先行研究	7
表1-2	手描き地図調査の対象人数	22
表2-1	手描き地図に描かれた主な要素	40
表2-2	小学生の遊び場　第3学年から第6学年	43
表2-3	放課後の活動　第3学年から第6学年	44
表2-4	小学生の習い事　第3学年から第6学年	45
表2-5	1週間当たりの習い事の回数　第3学年から第6学年	46
表2-6	遊び仲間の人数　第3学年から第6学年	46
表2-7	撮影した写真の内容	53

表3－1	手描き地図に描かれた主な要素　小学校第1・2学年	68
表4－1	手描き地図に描かれた主な要素　小学校第3・4学年	88
表4－2	第3・4学年における社会科の主な単元	91
表4－3	小学生の遊び場　第3・4学年	94
表4－4	平日と休日における活動　第3・4学年	94
表4－5	小学生の習い事　第3・4学年	96
表4－6	1週間当たりの習い事の回数　第3・4学年	96
表4－7	遊び仲間の人数　第3・4学年	97
表5－1	手描き地図に描かれた主な要素　小学校第5・6学年	115
表5－2	社会科の単元　第5・6学年	123
表6－1	手描き地図に描かれた主な要素の比較	133
表7－1	手描き地図に描かれた主な要素の比較　2004年と2014年	145
表7－2	小学生が塾へ行く回数	148
表8－1	単元の計画「学校のまわりのようす」大丸地区	159
表8－2	単元の計画「学校のまわりのようす」押立地区	171
表8－3	小学校算数における地図とかかわりがある内容	178

資　料　目　次

資料3－1	小学校学習指導要領　生活	76
資料4－1	児童4－①の説明	100
資料8－1	授業記録1	161
資料8－2	授業記録2	163

第1章　序　論

第1節　研究目的

　知覚とは、心理学事典によれば「われわれの感覚的経験の中で、まとまった対象や事物について知る経験」であると言われ、また認知とは、「人が外界からの情報を処理する過程」であるとされ、認知は知覚より広義に使用されるとする（藤永 2013）。環境に関して言えば、環境を知覚するとは、子どもが周囲の環境を対象として知り、環境の状態を把握することである。

　知覚環境は、環境に対する表象を意味する。表象は、「対象を表現する表記法や記号の集合であり、事物や事象、概念やカテゴリー、あるいはそれらの特徴を特定する」と説明される（藤永 2013）。子どもは、発達に応じて環境の表象としての知覚環境を形成する。

　知覚は、子どもに環境から情報が入力されることによって成立する。知覚環境は、様々な形態で子どもから出力され、子どもが描く手描き地図は、出力されたひとつの形態である。

　子どもの知覚環境は環境像であり、比喩的に言えば、頭の中に存在するもう一つの環境と考えられる。子どもは大人と異なる方法で周囲の環境を知覚することが知られ、環境を独自の仕方で読み取り、その子どもなりの価値観に従って意味づけをする。このような知覚環境は、幼児期に既に存在し、学年を追って発達すると考えられる（山崎 1987、謝 2010a、謝 2010b）。

　環境に対する知覚や認知を表す用語として、知覚環境、環境知覚、空間認知などの用語が使用され、従来心理学の分野では、一般に、人が周囲の環境をとらえる事象に対して、環境知覚あるいは空間認知の用語が用いられた。

一方、寺本（2003）が指摘するように、地理学においては、学問の性質上知覚された環境に関心の重点が置かれるため、知覚環境の用語が用いられる場合が多い。本研究では、地理学および地理教育の研究に依拠しつつ、子どもが周囲の環境をどのように把握しているかに関して、その実態を明らかにすることを目的とし、子どもによってとらえられた周囲の環境を表す用語として知覚環境を用いる。

従来の研究においては、知覚環境は、頭の中で思い描くことのできる心像の一部であり、それらの外的表象として「手描き地図」という言葉を位置づけるとしている（寺本1994b）。また、謝（2010a）は、未就学の幼児を対象とした研究においては、幼児が幼児自身を取り巻く地理的環境をどのように探求していくか、つまり幼児が地理的環境を知覚するプロセスに研究の重点を置くため、知覚環境という用語を用いると述べている。

また、建築学の研究においては、都市の生活空間を計画するためには、子どもの意識をとらえることが重要であるとし、子どもが意識した環境を知覚環境と呼ぶ（伊藤・加藤1995）。知覚環境は、子どもが知覚した周囲の環境を意味し、大人と子どもの知覚環境は異なることが指摘されている。

地理学においては、従来物理的環境を研究対象としてきた。しかし、知覚環境の存在が指摘されると、人間によって意味づけられた環境が研究の対象に含められるようになった（ダウンズ・ステア1976、グールド・ホワイト1981、中村・岡本1993、若林1999、岡本2000）。

近年、人間によって意味づけられた環境である知覚環境を研究対象とした行動地理学および人文主義地理学の台頭にともない、環境の概念が拡大するとともに、子どもから見た環境、すなわち子どもによって知覚された環境が、地理学の研究対象として位置づけられた[1]。これらの研究は、「子どもの地理学」として体系化され[2]、研究の視点も多様化しつつある（大西2000、寺本2003b、寺本・大西2004、Sibley 1991、Matthews and Limb 1999、Holloway and Valentine 2000、ヴァレンタイン2009）。これら近年の研究における子どもの

らえ方の特色としては、従来主として地理教育の研究において概念化された「地理教育を受ける存在」としての子どもから「生活者」としての子どもに子ども観が大きく転換したことが挙げられる。これは、子どもを大人より未熟な者としてのみ位置づけるのではなく、ひとつの文化を身につけた大人に対峙する他者としてとらえることを意味する（大西2000）。すなわち、子どもも自らの文化に従って環境を読み取ることができ、子ども特有の知覚環境が形成されると考えられる（図1-1）。

しかし、子どもが身に付けている文化は大人とは異なり、発達によって大きく変化する。年少の子どもは、大人と異なる、相貌的な知覚の段階に属し、発達にともなって、知覚の方法そのものが変化する（ウェルナー1976）。

子どもの手描き地図は、大きくルートマップとサーベイマップに区分される（谷1980）。ルートマップは、ある地域における移動経路を心的にたどって構成される表象を意味し、サーベイマップは、ある地域の事物相互の全体的配置についての表象を意味する（若林2011）。すなわち、ルートマップは、

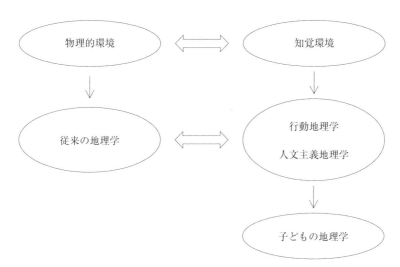

図1-1　知覚環境の発達に関する研究の図式

道路を中心に描かれた線的な地図であり、サーベイマップは、広範囲を描く面的な地図である[3]。一般に、年少の子どもは、ルートマップの段階にあり、相貌的な知覚の傾向が強い。心身の発達に伴って、多くはルートマップからサーベイマップの段階に移行する。小学校高学年では、サーベイマップが増加するものの、ルートマップの段階に留まる子どもも見られる。

　従来、子どもの知覚環境を様々な方法を活用して、検出する研究が進められ、その実態が明らかにされてきた。子どもの知覚環境は、野外での遊びを中心とした場所体験、学校への登下校、探検行動などの空間行動を通して形成され、学年が上がるにつれ、知覚環境の内容や意味が変化する。

　寺本（1994a）は、子どもの知覚環境の研究動向を整理し、研究領域を（1）手描き地図研究（2）生活行動研究（3）自然認識研究に区分した。手描き地図の発達は、子どもの行動によって促される。また、子どもの知覚の発達は、手描き地図の描き方の変化をもたらす。したがって、子どもの知覚環境を多面的に理解するためには、これらの視点を関連させ、知覚環境の実態を明らかにすることが望まれる。しかし、現在までほとんどの研究は、これらのいずれかの側面のみを取り上げ、相互の関連を考察したものは、わずかである。

　一方で、近年子どもを取り巻く社会の大きな変化に伴って、知覚環境の貧困化が指摘されている（竹内1999）。現代の子どもは、空間的および時間的な制約が多く、かつての子どものように知覚環境を発達させることができないことが予想される。しかし、現在の子どもの知覚環境に関して、発達のプロセスを検証した実証的な研究はなされていない。

　そこで本研究は、手描き地図の分析を主要な方法としつつ、子どもの遊び行動、場所体験と知覚環境との関連、場所の意味と知覚環境との関連について考察し、子どもの知覚環境の発達プロセスを明らかにすることを目的とする。

　学校教育における地理カリキュラムの開発にあたっては、その前提として

子どもの実態を把握することが必要であり、知覚環境の発達の基礎理論を研究することが重要となる。本研究は、子どもの知覚環境の発達プロセスを解明し、その発達を支援する地理教育のカリキュラム開発のための基礎資料を提示する。

第2節　先行研究

第1項　国内における研究

1　地理教育に関連する研究

　従来、地理教育の立場から、子どもの空間に対する意識と地図との関連が注目された。これらの研究は、地理的意識に関する研究の一環として位置づけられ、望ましい地図指導のあり方を明らかにするための臨床的な研究が進められた（山口 1988）。

　吉川（1960）は、小学校第1・2学年の児童が描いた学校から家までの地図を分析し、地図表現が絵画的表現から絵地図的表現を経て地図的表現へ発達することを明らかにした。椙村ほか（1961）は、小学生の描図技能の実態について調査した。その結果、子どもの描いた地図を、絵とほとんど変わらないもの、絵地図、絵地図と平面地図の混合、平面地図の4種類に分類し、第2・3学年ですでに平面地図を描く技能がある子どもがみられることを示した。これに続き岩戸・佐島（1977）は小学校第1学年から6学年までの子どもの地図表現について、道路表現、地図記号表現、言語表現、座標表現の視点から分析した。さらに大きさの異なる用紙に描かせた地図を分析し、第4・5・6学年は、スペースの広狭の差異にかかわらず、地図に正確に表現できると指摘した。仁野平（1977）は、小学校第1学年から中学校第1学年までを対象とし、家から学校までの地図を描かせ、表現形式、表現内容、方位・位置の表現などについて学年ごとの傾向を示した。その結果、第3学年

で描図力の急速な発達がみられると指摘した。

　これらの研究は、子どもの地図を描く技能に注目し、その発達について分析した研究として位置づけることができる。研究の目的は、地理教育における地図指導の充実であり、描図技能の向上のための学習指導のあり方が課題となる。これらの研究における子ども観としては、子どもを「地理教育を受ける存在」としてのみとらえ、子どもから見た環境を明らかにしようとする視点は乏しい。これらは、各学年における調査に基づき、地図を読む技能や描く技能などの実態を明らかにしようとした点において、一定の成果があげられているとしても、子どもなりに環境をとらえ、それに基づいて行動する「生活者」として子どもをとらえようとする子ども観には立脚していない。その点が後述の知覚環境に関する研究と異なる。

2　子どもの知覚環境に関する研究

　地理教育における研究とは別の視点から、子どもの知覚環境について論じた研究が進められてきた（表1-1）。斎藤（1978）は、山村の子どもに対する絵地図調査と聞き取り調査を基に、山村における小学校児童の知覚環境を描き出した。岩本（1981）は、東京都文京区において、小学校第3学年の子どもを対象に手描き地図調査、絵地図の読み取り、行動観察などの調査方法を用い、子どもの身近な地域の広がりを明らかにし、子どもが自由に行動できる範囲は、およそ学区域に重なることを指摘した。また、寺本（1984）は、熊本県阿蘇谷において、小学校第2・3・5学年の児童と中学校第1学年の生徒を対象に手描き地図調査と子どもの景観写真に対する判読の度合いを調査するスライド画像投影調査を併用し、子どもの知覚環境の構造と発達について解明した。平地の農村において小学校の学区域が広範囲な場合は、子どもの身近な地域と学区域は一致せず、集落の分布と関連すると指摘した。これらの研究は、子どもの知覚環境の実態の一端を明らかにした先駆的な研究として位置づけられる。

第1章 序論　7

表1-1　子どもの知覚環境に関する先行研究

番	著者・年号	手段・方法	描図範囲	視点・概念	被検者	対象地域
1	斎藤 (1978)	インタビュー 絵地図		第1圏・第2圏・第3圏・第4圏、動線	小3	山村
2	岩本 (1981)	手描き地図 インタビュー	居住地周辺	第1圏・第2圏・第3圏、遊び行動、コミュニケーション行動、子ども道、通称地名、探検行動	小3	都市
3	寺本 (1984)	手描き地図 インタビュー スライド画像	居住地周辺	第1圏・第2圏・第3圏、遊び行動、近道、抜け道、秘密基地、幽霊屋敷、動線	小2・3・5 中1	農村
4	山崎 (1987)	手描き地図 絵カード	居住地周辺	ランドマーク、動線	4歳児 5歳児	都市
5	寺本・大井 (1987)	アンケート インタビュー		遊び場、秘密基地、こわい場所、子ども道	年長児 小2・3・5年	都市近郊
6	寺本・吉松 (1988)	手描き地図	居住地周辺	相貌的知覚	日本小2・3・4 タイ6～15歳	日本の山村 タイの山村
7	寺本・岩本・吉田 (1991)	手描き地図	居住地周辺	都市、山村、農村、動線	小3・5・6 中1	都市 農村 山村
8	泉 (1993)	手描き地図 アンケート	居住地周辺	ドット型、ルート型、サーヴェイ狭小型、ルート・サーヴェイ結合型、サーヴェイ広範囲型、生活行動、簡略化	小2・4・6	旧市内、近郊部、外縁部、島嶼部
9	泉 (1994)	手描き地図 アンケート	居住地周辺	第1圏、第2圏、第3圏、遊び行動、行動圏	小2・4・6	中小都市
10	寺本・大西 (1995)	手描き地図 写真投影	居住地周辺	子ども道、秘密基地、相貌的知覚	小3	都市近郊
11	大西 (1999)	手描き地図	居住地周辺	ルートマップ、リベイマップ、男女差	小2・3・5	山村
12	竹内 (1999)	手描き地図	居住地周辺	ルートマップ型、サーベイマップ型、生活実態、空間認識の貧弱化、まちづくり	小5	都市 農村

13	初沢・渡辺 (1999)	手描き地図	居住地周辺	通学路、描かれた要素	小1・2	農村
14	寺本・山口 (2004)	アンケート インタビュー 写真投影 絵地図	居住地周辺	1次圏、2次圏、3次圏、日常生活行動、自然認識	小4・5	島嶼
15	吉田 (2008a)	アンケート 手描き地図 写真投影	居住地周辺	非ルート、ルート1型、ルート2型、サーベイ1型、サーベイ2型、相貌的知覚	保育園年長、小1・2・3・4・5・6 中1	ニュータウン
16	吉田 (2008b)	手描き地図	居住地周辺	非ルート、ルート1型、ルート2型、サーベイ1型、サーベイ2型、地域差	小4	ニュータウン 都市近郊
17	謝 (2010a)	アンケート 言語描写法		ランドマーク、養育態度、空間行動	保育園児 3歳～6歳	都市 農村
18	謝 (2010b)	アンケート 言語描写法		ランドマーク、養育態度、空間行動	保育園児 3歳～6歳	都市 農村
19	吉田 (2015)	手描き地図	居住地周辺	非ルート、ルート1型、ルート2型、サーベイ1型、サーベイ2型	小3	都市近郊
20	謝 (2016)	アンケート 言語描写法		ランドマーク、保護者との移動経験、空間行動	保育園児 3歳～6歳	都市 旧市街
21	田村・田部 (2017)	手描き地図	居住地周辺	非ルート、ルート1型、ルート2型、サーベイ1型、サーベイ2型、鳥瞰図	小3・4	都市臨海部
22	Hart (1979)	インタビュー 行動観察	居住地周辺	場所体験、空間行動	4歳から11歳	地方都市
23	Matthews (1984a)	手描き地図	居住地周辺	要素の頻度、地図技能	6歳から11歳	都市近郊
24	Matthews (1984b)	手描き地図	自宅から学校	要素の頻度、地図技能	6歳から11歳	都市近郊
25	Matthews (1987)	手描き地図 読図 空中写真	居住地周辺	地図技能、男女差	6歳から12歳	都市近郊
26	Matthews (1995)	手描き地図	居住地周辺	文化の差、男女差	7歳、9歳、11歳、13歳	ケニアの村落

27	Harwood and Usher (1999)	手描き地図 空中写真 インタビュー	学校から教会までの道路	地図技能、男女差	8歳、9歳	都市
28	Shin (2006)	手描き地図 インタビュー	町 州 アメリカ合衆国	地図技能、GIS	小4	都市
29	Freeman (2010)	手描き地図 空中写真 インタビュー	居住地周辺	学区域の特色、社会的関係	9歳から11歳	都市
30	Lehman-Frish et al. (2012)	身近な地域の絵	居住地周辺	社会的背景、1人で行動する範囲	5歳	都市

(各文献により作成)

　これ以後子どもの知覚環境に関する研究が進められ、寺本・岩本・吉田（1991）は、都市、平地農村、山村における手描き地図の特色を論じた。都市では道路の形態が知覚環境に影響を及ぼし、道路が動線として機能する。また、平地農村では地図を広範囲に描く傾向があり、これは景観的に見通しがきき、可視的な範囲が広いことによる。さらに、山村では集落の範囲のみを描く傾向があり、山は詳しく描かれないという特色を指摘した。また、泉（1993）は、広島市で旧市内、都市近郊、外縁部、島嶼という特色が異なる地域を選定し、小学校第2・4・6学年の児童を対象に手描き地図調査を実施し、それぞれの地域における知覚環境の特色を明らかにした。あわせて、アンケート調査により子どもの行動経路を把握し、両者の関係について論じた。旧市内、近郊部では学年に応じて手描き地図に描かれた範囲が発達するが、外縁部、島嶼においては、描く範囲が自宅周辺にとどまる傾向があると述べ、また、日常生活行動との関連では、高学年における通塾行動と島嶼におけるクラブ活動が遊び行動を制約し、知覚環境に影響を与えていることを指摘した。大西（1999）は、岐阜県八百津町の山村において小学校第2・3・5学年を対象として手描き地図から子どもの知覚環境を把握した。この結果、子どもの居住する集落が中心集落か孤立的な集落かという環境の違い

が、手描き地図に描かれる範囲に反映すると述べた。

　また、吉田（2008a）は、保育園の年長児、小学校第1学年から第6学年、中学校第1学年の子どもを対象に調査し、知覚環境の発達プロセスについて明らかにした。その結果、小学校第3学年までが、ルートマップの形成期であり、小学校第4学年以降がルートマップからサーベイマップへの移行期であると考えられることが明らかになった。また、小学校第3学年までは、相貌的な知覚の傾向があることを示した。さらに、それまで調査されることが少なかった年少の子どもの知覚環境に関して、子どもの発話を記録し分析する方法を活用し、知覚環境の実態を明らかにする研究が進められた（謝 2010a、謝 2010b、謝 2016）。田村・田部（2017）は、都市の臨海地域の高層住宅に住む子どもの知覚環境の事例を示した。

第2項　海外における研究

　知覚環境の研究の端緒となるのは、リンチによる都市のイメージ研究である（リンチ 1968）。リンチは都市住民が都市環境をどのように知覚しているかを実証的に明らかにし、その後の知覚環境の研究に大きな影響を与え、新たな研究方法と概念を提唱した。都市のイメージを構成するエレメントとしてパス（道路）、エッジ（縁）、ディストリクト（地域）、ノード（接合点）、ランドマーク（目立つ建築物）の5要素を示した。しかし、この研究の対象は、大人であり、子どもの知覚環境の特性には論及していない[4]。子どもの知覚環境を論じた研究として、Smith et al.（1979）がある。ここでは、イギリスのブリストルの買い物センターに対する子どもの知覚について調査し、年齢による知覚環境の発達について指摘した。アメリカ合衆国の地理学者であるHart（1979）は、合衆国東部のイナベイル（架空の地名）における詳細なフィールドワークをもとに、子どもの知覚環境と場所体験の関係を明らかにした。

　ハート・ムーア（1976）は、大スケールの環境に関する空間認知の発達について論じ、子どもの個体発達について、発達の段階を示す模式図を示した。

これによれば、子どもの発達の段階を大まかに、幼児期、未就学期、児童期、青年期の4期に区分し、参照系が自己中心的定位から、固定的参照系を経て、相互協応的参照系へ移り変わることを示した。また、地形的表象については、前表象的活動空間から、ルートマップ型表象を経て、サーベイマップ型表象へ移行する。この研究によれば、概略的に未就学期が、ルートマップ型表象の時期であり、児童期になるとルートマップ型表象からサーベイマップ型表象へ移行することが示されている。すなわち、小学校入学前からルートマップを描くようになり、小学校に入学するとルートマップからサーベイマップへ移行することを示す図式となっている。しかし、現実には、子どもが小学校へ入学しても、すぐにはルートマップからサーベイマップへの移行がなされるとは限らない。この点に関しては、より詳細に実態を明らかにする研究が求められているといえる（図1-2）。

　また、Hart (1979) は、空間参照系について3種類に区分し、「自己中心的定位」「固定的参照系」「相互協応的参照系」（「抽象的参照系」）の概念図を提示している[5]。自己中心的参照系の段階では、子どもは、環境の表象を正しく秩序立てられた全体としては組み立てることはできないと述べている。例えばある建物ともう一つの建物の位置関係は、とらえることができても、それらが全体の中でどこにあるか、位置づけることができない。この段階では、サーベイマップを描くことは困難である（図1-3）。

　Matthews (1984a、1984b) は、子どもの手描き地図を基に知覚環境について明らかにした。イギリスのコベントリー市の郊外の地域において、6歳から11歳の子ども合計172人を対象に、手描き地図を描く調査を実施した。調査の結果、年齢が上がると場所体験の増加に伴ってランドマーク、ノード、パス、ディストリクトなどの地図に描かれる要素が増加し、正確さが増すことを指摘した。そして、11歳においては明らかに男女差が見られるようになると述べた。また、Matthews (1987) は、知覚環境の男女差は、能力の差ではなく、空間行動の差に基づくと主張した。加えて、女子の場合は、保護者

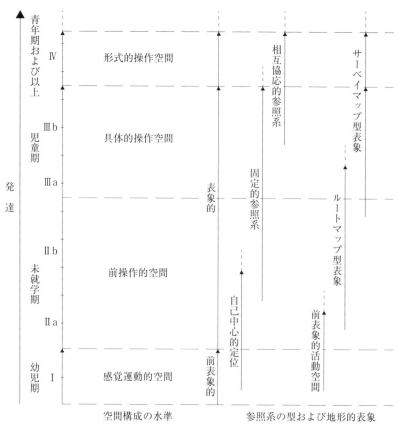

図1-2 地形的表象の個体発生を示す模式図
ハート・ムーア（1976）による

が身近な地域における空間行動を制限する場合があり、このような保護者の態度が知覚環境の発達に影響するとしている。Matthews（1992）は、それまでの研究を展望し、8歳以降の子どもは、手描き地図調査、空中写真の判読、地図の読み取り、言語による説明などの方法において身近な地域に関する知識が増加すると指摘した。さらにMatthews（1995）は、ケニアにおける子どもの調査をもとに、子どもの所属する文化と知覚環境について論じ、文化

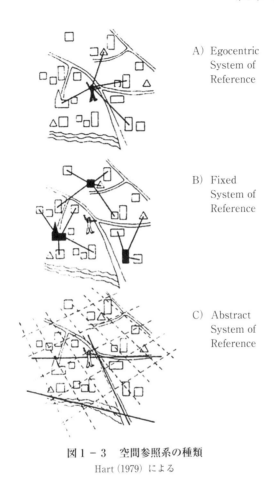

図1-3 空間参照系の種類
Hart (1979) による

的な差異があると指摘した。これら一連の研究の中で、子どもの知覚環境は、年齢に従って発達し、空間行動、性別、文化の影響を受けることが指摘された。

　Matthews and Limb (1999) は、子どもの地理学に関する研究について展望し、子どもは、大人の準備期間ではなく、固有の文化を身に付けた社会的な存在であるという視点を強調している。しかし、ここでは研究の具体的な

方法については、ふれられていない。

　子どもの知覚環境の発達と地理教育の関連に関して、Harwood and Usher (1999) は、8歳・9歳の小学生が学校から身近な地域にある教会までの道のりを描いた地図を分析した。地理の学習前後の手描き地図調査を比較した結果、地図に描かれる要素や記号に関して発達が見られ、それに比べて空間構成やスケールに関しては、習得が困難な実態を指摘した。その上で、環境を地図に表現する技能の発達のために、地理教育における地図に関する学習が有効であると主張した。また、Liben and Downs (2003) は、子どもが周囲の環境をどのように知覚するかを明らかにする研究は、地理教育を改善するための基礎を提示し、教育改革に寄与すると主張した。

　Catling (2005) は、子どもの場所体験を重視する子どもの地理学とイギリスのナショナル・カリキュラム地理との関連について論じ、小学校の地理教育の中で、子どもの探検行動や場所体験を活かすことは、地理教育の目標を達成するために重要であると指摘した。さらに、Catling (2006) は、年少の子どもに対する地理教育について論じ、5歳児における地理教育の充実が必要であると主張した。加えて、探検行動を通して身近な地域を知るとともに、自分が住む世界について発見し、環境に関心を持つことが初等地理教育で重要であると述べた。

　Shin (2006) は、地理教育においてはGISの活用が有効であるとし、小学校第4学年の子どもにGISの学習の前後に都市、州、世界など様々なスケールの手描き地図を描かせ、それらを分析した。その結果、それぞれのスケールで学習後に手描き地図の発達が見られることを指摘した。

　Freeman (2010) は、手描き地図調査、聞き取り調査、空中写真調査を併用し、9歳から11歳の小学生の身近な地域とのかかわりについて明らかにし、子どもと身近な地域とのかかわり方に対して、学校の地域性、身近な地域の地理的特色、友達との交友などが影響を与えることを明らかにした。

　Lehman-Frisch et al. (2012) は、5歳の子どもが描いた身近な地域の絵を

分析することを通して、子どもと身近な地域との関係を明らかにした。子どもが描く身近な地域の絵は、子どもの家庭の社会的文化的な背景の影響を受ける。また、それらの背景は、身近な地域において子どもが体験し、感じ取ったことを基に形成される表象に影響を与えると述べた。

これらの研究は、知覚環境の発達の大まかな傾向をとらえるにとどまっている。子どもの知覚環境の発達の段階や、その要因、地域差に関しては、詳細には論じられていない。そこで本研究では、主として小学校の第1学年から第6学年の児童を対象に、手描き地図調査を実施し、その結果をもとに、子どもの知覚環境の実態と発達のプロセスについて明らかにする。発達プロセスに関しては、保育園の年長児から小学生を経て、中学校第1学年の生徒に至る全体的な発達の傾向を明らかにした上で、小学校第1・2学年、第3・4学年、第5・6学年に区分し、それぞれの段階における発達の特色を考察する。さらに、知覚環境の地域差と年次変化について論及する。

第3項　心理学における研究

従来心理学においては、子どもの知覚に関して研究が蓄積され、環境の知覚に関しても実験や調査が進められている。

ピアジェは、子どもの発達段階を、「感覚運動期」「前操作期」「具体的操作期」「形式的操作期」に区分した。前操作期の特色として自己中心性が挙げられ、具体的操作期になると脱中心化が図られる（波多野1969、ピアジェ・インヘルダー1975）。

知覚環境の発達は、従来「前操作期」にルートマップ型表象が形成され、その後「具体的操作期」に移行するとサーベイマップ型表象に移行すると指摘されている（ハート・ムーア1976）。ルートマップ型表象の段階では、子どもは、自己中心性を維持している段階にある。「具体的操作期」になり、脱中心化が図られると、サーベイマップ型表象が成立すると考えられる。

心理学における子どもの知覚環境を対象とした研究として、谷（1980）が

挙げられる。この研究では、子どもに描かせた手描き地図と言葉による説明を分析する言語描写法を使い、小学校第1学年から第4学年の子どもを対象に調査し、子どものイメージマップの変容を分析した。そして、それがルートマップ型からサーベイマップ型へ発達することを明らかにした。それまで小スケールを対象とした研究が主であったため、学区域という大スケールの環境を子どもがどのようにとらえているかについて明らかにした点において、先駆的な研究として位置付けることができる。

山本(1995)は、空間の広がりに対する子どもの認知発達の研究を整理し、今後の研究を展望している。大スケールの環境としての日常生活空間における子どもの環境のとらえ方と行動の実態に関する従来の研究を整理してまとめるとともに、研究の方向性を示した。ハート(1979)が提示した「自己中心的参照系」「固定的参照系」「抽象的参照系」の環境をとらえるときの参照系の区分に関して、発達段階に応じていずれかの参照系のみを用いることは考えにくく、実際には、これらの参照系の複数を同時に持ち、状況に応じて使い分けているという解釈が、妥当であると指摘している。また、近年の研究ではピアジェ理論のような現象の背景にあるより抽象的で大きな枠組みへの論及に成功していないと述べ、新しい発達モデルが登場していないと主張する。すなわち、知覚環境の研究に関して、個別の実証研究は進められているが、それらをまとめ、発達の概要を示すモデルは、提示されていないことが示されている。

加藤(2003)は、児童期においては、遊びが生活の中心であり、時代と共に遊びが変化し、そのことが、環境のとらえ方に影響をあたえていると述べている。また、加藤(2006)は、心理学における空間知識表象に関する研究を整理してまとめ、地理学と心理学の対象領域の違いを踏まえた上で、ルートマップとサーベイマップについて、状況や課題に応じてその都度、複数の表象の使い分けが生ずるという考え方を示した。そして、子どもの発達による変化をとらえる個体発生、ならびに人が未知の大スケールの環境を新たに

とらえる微視発生をこの考え方から見ることが必要であると述べた。

ブラッド（2001）は、大規模空間における子どもの経路の学習について研究する際に、スケッチマップ描画が重要な方法であると指摘している。しかし、スケッチマップを描くには、描画スキルが必要なために、幼児を対象とした調査には適さないと述べている。岡林（2003）は、空間における事物の配列についての知識を獲得するには、「地理的事実」「ルート知識」「配列知識」の知識が必要であるとし、児童期において「ルート知識」から「配列知識」へ移行すると指摘する。その際に、俯瞰の視点が重要であり、俯瞰の視点が認められた子どもは、認められなかった子どもと比較して、地図作成課題において、パス個数、ノード個数、ランドマーク個数が有意に高いと結論づけた。ここでは、俯瞰という環境を見る視点の有無を実験的な調査によって明らかにし、地図の描き方との関連を指摘した点が評価される。

渡部・高松（2014）は、空間的視点取得における仮想的身体移動の変化について論じた。空間的視点取得とは、自らの視点を異なる位置まで移動させ、そこから見えるはずの風景を推測する心の動きであると言われる。ビデオゲーム課題による実験により、年齢段階の変化の傾向を明らかにした。この研究では、3－4歳群、5歳群、6歳群、13歳群、21歳群について比較した。その結果、仮想的身体移動については、13歳群とそれより低年齢の群では、有意差が認められず、13歳群と21歳群との間で有意差が認められたことから、仮想的身体移動に関する能力は、思春期までは、その上昇が緩やかであり、思春期以降急速に向上すると指摘している。すなわち、空間的視点取得は、児童期よりも遅く獲得される能力であることが明らかになった。

松田・徳永（2007）は、科学的には誤った不適切な理論である素朴理論の修正について研究した。素朴理論を適切な知識に修正できる場合とできない場合があるとした。修正できる事例として、進藤の研究を引用し、オーストラリアとグリーンランドの面積に対する素朴理論について、地球儀に見立てたオレンジの皮を剥がすという作業を通して教授したところ、修正が生じた

ことを示している。地図に関する素朴理論は、方法次第では修正可能と考えられる。

　子どもの知覚環境は、野外を中心とする大スケールの環境と室内を中心とする小スケールの環境に部類される。心理学においては、室内の小スケールの環境を対象とした実験的な研究が主である。本研究では、小学校の学区域を中心とする大スケールの環境を対象とし、子どもが大スケールの環境をどのようにとらえるかについて実証的に明らかにする。

第4項　建築学における研究

　建築学の分野では、子どものためにより良い都市や公園を設計し、町作りを進めるために、子どもの遊び場および環境の知覚について、調査研究が進められた。

　仙田（2009）は、かつて神奈川県横浜市を例に斜面緑地の減少傾向を実態調査に基づいて明らかにし、子どもがカブトムシを捕ることができる身近な自然が減少したことを指摘した。さらに仙田（1992、2009）は、遊び場を設計する建築学の立場から、子どもの遊び場について研究し、遊び場を機能の上から自然スペース、オープンスペース、道スペース、アナーキースペース、アジトスペース、遊具スペースの6種類に区分した。近年では自然スペース、アナーキースペースは減少し、オープンスペース、遊具スペースに依存する傾向が見られる。子どもの野外での活動を促すためには、多様な遊び場の存在が必要となると主張した。

　和田（1988）は、子どもの手描き地図を分析することを通して、小学生の生活空間の認識について調査し、手描き地図を線的なトポロジー的な地図と面的なユークリッド的な地図に区分した。これは、トポロジー的な地図がルートマップに、ユークリッド的な地図がサーベイマップに対応する。また、同時に建物の表現を立面的な表現と位置的な表現に分類し、子どもの生活空間の認識方法は、トポロジー的なものからユークリッド的なものへ、建物の

表現は、立面的な表現から位置的な表現へ発達すると述べた。さらに、農村部における生活空間の認識に関する事例を示し、通学距離が長くなるとトポロジー的な認識にとどまる傾向があると指摘した（和田 1989、1990）。

伊藤・加藤（1995）は、計画的に開発された住宅地における子どもの知覚環境について、名古屋市東部の丘陵を開発して作られた住宅地において調査した。小学校第2・3・5学年の子どもの手描き地図の分析を通して、子どもの知覚環境は、第5学年ではルートマップ型からサーベイマップ型へ発達することを示した。さらに、計画的な住宅地では、街路形態が子どもの知覚環境の形成に影響を与え、特に不整形な街路は、方向や距離の認識を困難にすると指摘した。知覚環境形成の場を作る視点からの都市計画の必要性が主張されている。

寺島・山田（2003）は、手描き地図を分析し、子どもの主な行動範囲は、学校と自分の家を拠点とし、最大でも小学校の学区内であると指摘した。子どもに認知されている空間要素は、児童の遊び場が主であり、遊び場を設計するときには、地域のランドマークとなる大きな広場を作ることが重要であると述べた。

以上のように建築学の分野では、実際に子どもの遊び場を計画し、町を作る視点から、子どもの知覚環境の実態を明らかにする研究が進められている。

第3節　研究方法と研究対象地域

本来子どもの頭の中にある知覚環境を描き出すことは容易ではなく、現在まで子どもの知覚環境を調査する手段として、いくつかの方法が活用された。調査方法として、アンケート調査、行動観察調査、写真投影調査などが挙げられ、この中で最も一般的に使われる方法が手描き地図の調査である。この方法は、子どもが自分で描く外的表象を直接分析できるという点で優れた方法であり、子どもが描いた手描き地図は情報量も多い。しかし、描画技能の

差が描かれる地図の内容に影響することも考えられ、手描き地図を読み取り、分析する際には、知覚環境の一部を表出しているに過ぎないという制約を考慮に入れる必要がある。写真投影調査は、子どもの描画力による差が現れない点が有効な方法である。しかし、子どもの場合、自宅周辺の限られた範囲のみが、撮影可能であり、撮影できる対象は近隣に限定される。したがって、これらの中のいくつかの方法を組み合わせて実施することが有効であると考えられる。

実際の調査では、子どもにB4判の白紙を配り、「あなたの住んでいるまわりの様子について地図に描いてください。」と指示し、地図を描かせた。2枚以上の紙を必要とする子どもに対しては、随時渡した。調査対象は、小学校第1学年から6学年までの児童、小学校の学区域内にある保育園の年長児、小学校から進学する公立中学校の第1学年の生徒である。これとあわせて、子どもの遊び行動に関する質問紙法によるアンケート調査を実施した。調査対象は小学校第3学年から6学年の児童である。アンケートの項目は、外遊びの傾向、遊び場、塾や習い事、遊び仲間の人数等に関して取り上げた。

さらに、これらの調査の結果を補完するために、写真投影法と行動観察法による調査を併用した。写真投影法調査は、小学校第3学年の児童を対象として実施した。これらの方法を活用し、子どもの知覚環境の実態とその発達プロセスについて明らかにする。

子どもの知覚環境の発達には、個々の子どもによる個人差が存在する。本研究では、はじめに保育園年長児から中学校第1学年までの学年毎の発達に関して、全体的な傾向を示すことにより、知覚環境の発達の一般的な特色について論じる。その上で、小学校第1・2学年、第3・4学年、第5・6学年に区分し、それぞれの発達の特色について指摘し、ここで個別の子どもの変化について事例を取り上げて考察する。さらに、個々の発達の軌跡を明らかにする。

本研究の研究対象地域は、東京都稲城市内の中学校、小学校、保育園があ

図 1 − 4　研究対象地域　東京都稲城市
(地理院地図により作成)

る学区域を中心とした地域である（図 1 − 4）。子どもの知覚環境の一般的特色については、東京都稲城市長峰（ながみね）地区を研究対象地域とした。また、小学校第 1・2 学年、および第 5・6 学年の発達に関しては、東京都稲城市押立（おしたて）地区、小学校第 3・4 学年の発達に関しては、東京都稲城市大丸（おおまる）地区を対象地域とした。さらに、第 4 学年における 2004 年と 2014 年の年次変化については押立地区において、第 3 学年における地理教育との関連についても押立地区において、調査を実施した。調査対象人数は、延べ人数で合計 1,390 人である（表 1 − 2）。

表1－2　手描き地図調査の対象人数

地域	調査時期		校種	学年	調査人数
長峰地区	2004年	6月	保育園	年長児	21
	2004年	5月	小学校	第1学年	68
	2004年	5月	小学校	第2学年	77
	2004年	5月	小学校	第3学年	109
	2004年	5月	小学校	第4学年	100
	2004年	5月	小学校	第5学年	94
	2004年	5月	小学校	第6学年	91
	2004年	5月	中学校	第1学年	76
押立地区	2013年	7月	小学校	第1学年	105
	2014年	6月	小学校	第2学年	108
大丸地区	2008年	4月	小学校	第3学年	25
	2008年	11月	小学校	第3学年	25
	2009年	3月	小学校	第3学年	25
	2009年	6月	小学校	第4学年	24
	2009年	11月	小学校	第4学年	24
	2010年	2月	小学校	第4学年	24
押立地区	2012年	6月	小学校	第5学年	71
	2013年	5月	小学校	第6学年	73
	2004年	6月	小学校	第4学年	59
	2014年	5月	小学校	第4学年	102
	2011年	4月	小学校	第3学年	30
	2011年	5月	小学校	第3学年	30
	2012年	1月	小学校	第3学年	29
合計・調査人数					1,390

第4節　本書の構成

本書の構成は以下の通りである（図1－5）。「第1章　序論」に続いて、「第2章　知覚環境の発達の一般的特色」において、保育園の年長児、小学校第1学年から第6学年、中学校第1学年の子どもを対象とした手描き地図調査をもとに、子どもの知覚環境の発達についての一般的な特色を明らかにする。さらに、「第3章　ルートマップの形成」「第4章　ルートマップからサーベイマップへの移行」「第5章　サーベイマップの発達」では、小学校

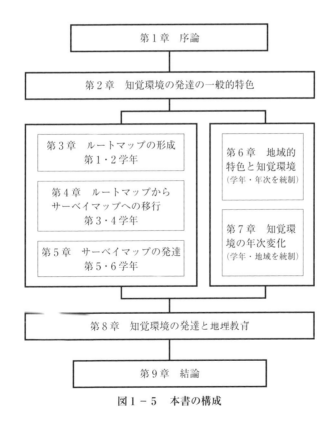

図1－5　本書の構成

第1・2学年、第3・4学年、第5・6学年のそれぞれの段階における知覚環境の発達について、検討する。手描き地図調査は、同一の子どもを対象として1年の間隔をおいて実施した。

「第6章　地域的特色と知覚環境」および「第7章　知覚環境の年次変化」では、視点を変え、空間的な差異による知覚環境の変化、ならびに時間的な差異による知覚環境の変化について考察する。空間的差異については、ニュータウン地区と住宅地と農地が混在する地区を取り上げて比較する。このとき、調査年次と対象学年は統制し、同一にした。また、時間的な差異については、2004年と2014年の10年間の隔たりがある手描き地図の調査結果を基に、知覚環境の変化の特色をとらえる。このとき、調査地域と対象学年は統制し、同一にした。

「第8章　知覚環境の発達と地理教育」では、それまでの章において、明らかになった事実に基づき、知覚環境の発達と学校教育における地理教育との関係について具体的に論じ、知覚環境の発達を促す学習について考察する。最後にこれらをまとめ、「第9章　結論」において、明らかになった事実と今後の課題について示す。

第1章の注

1) 行動地理学は、人間行動を環境認知や意思決定過程にまで踏み込んで説明することをめざす地理学の分野であり、また人文主義地理学は、人間性を中心にすえた地理学的アプローチで、生きられた世界や主体からみた空間に関心をいだく多様な研究を包括するものであると説明される（人文地理学会編 2013）。
2) 子どもの地理学は、空間を構成する主体として、子ども・若者をとらえる人文地理学の研究分野であるとされる（人文地理学会編 2013）。
3) 谷（1980）は、ルートマップの構造は、最初各ルートの表象系列が並存する未分化な状態から、分岐ルートの派生やルートの交錯の増加により分化した構造になると考えられ、他方サーベイマップは、イメージマップ全体との関係を一時に参照できる準拠枠を一個以上持つという意味で、全体的・同時的な表象であると指摘して

いる。
4) その後リンチは、青少年による空間環境の利用と評価について、アルゼンチン、オーストラリア、メキシコ、ポーランドの4か国において調査した（リンチ 1980）。
5) Hart (1979) は、それぞれの参照系に関して Egocentric System of Reference, Fixed System of Reference, Abstract System of Reference という用語を用いている。

第2章　知覚環境の発達の一般的特色

第1節　調査方法

　子どもの知覚環境は学年に応じて発達すると考えられる。子どもの知覚環境の発達の一般的な特色を明らかにするために、保育園から小学校を経て中学校に至る子どもを対象として縦断的に手描き地図調査を実施した。

　本章では、保育園年長児、小学校第1学年から第6学年の児童、中学校第1学年の生徒を対象にした手描き地図調査の結果をもとに、相貌的な知覚の実態とその変化および、知覚環境の発達のプロセスの一般的な特色について明らかにする。また、アンケート調査により子どもの遊び行動の実態を把握する。

　手描き地図調査は、2004年5～6月に、地区内にある保育園の年長児、小学校第1学年から第6学年の児童、小学校から進学する中学校第1学年の生徒を対象として実施した[1]。遊び行動についてのアンケート調査は、手描き地図調査と同時に行い、小学校第3学年から第6学年の児童を対象とした。保育園児と小学校低学年の児童は、発達段階から質問紙の文章の読み取りが困難であると判断し、また、中学校生徒は調査時間の確保ができなかったため実施せず、ルートマップからサーベイマップへの移行期に当たると考えられる小学校中・高学年の傾向をとらえた。

　研究対象地域として多摩ニュータウンの東部に位置する東京都稲城市長峰地区とその周辺地域を取り上げる。この地域は、多摩丘陵に位置し、多摩川の支流である三沢川が上位段丘面の多摩面を浸食した起伏の多い地形から形成されている。このような丘陵地を開発して造成されたニュータウン地区は、

主に中高層の集合住宅、戸建て地区と街区公園から構成され、比較的狭い範囲の学区域に、多くの子どもが居住する。そのため、各学年の手描き地図に共通する要素が描かれる割合が高いと考えられ、環境に対する知覚の方法の発達を明らかにするには適している。また、都市内部の市街地とは異なるニュータウン地区の知覚環境の実態を明らかにすることができる。

　長峰地区には、小学校が1校あり、この小学校の卒業生が通う中学校は長峰地区に隣接する向陽台地区にある。また、調査を実施した私立の保育園は、小学校に隣接し、この保育園の卒園生の多くが、当該小学校に通う。この地区には幼稚園は無く、幼稚園の園児は、バスで通園する場合が多い。

第2節　研究対象地域の概要

　研究対象地域は、多摩丘陵に位置する東京都稲城市長峰地区であり、八王子市、多摩市、稲城市にわたる多摩ニュータウン東部に位置する（図2−1）。この地域は多摩丘陵の一部に属し、第三紀層を基盤とし、上部にはローム層が堆積し、その下部は砂層からなる稲城層が認められる。地形面として多摩面が見られ、武蔵野面に比べ形成時期が古く浸食を受けているため、起伏に富んだ地形となっている。学区域は、多摩川の支流である三沢川が開析したほぼ東西方向の谷の南向き斜面に位置し、学校の校庭（標高約90m）から三沢川の新せせらぎ橋付近（標高約53m）までの比高は約37mある。1995年に丘陵地を開発し住宅が建設され、同時に小学校が開校した。学校は学区域の南に位置し、学校の北側に住宅地が広がる。地域の地形は、斜面が多く、坂と階段が多い町となっている。住宅地内に公園は点在しているものの、小学校の校庭が唯一平坦な場所となっている（加納ほか2000）。地域には10階以上の高層住宅、5〜6階の中層住宅、戸建て地区などが存在する。同地区内には商店街や大規模店舗はなく、商店としては、コンビニエンスストアー、クリーニング店、ケーキ屋があるのみである。買い物は、隣接の学区にあるス

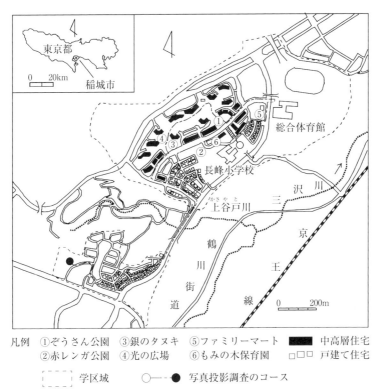

凡例　①ぞうさん公園　③銀のタヌキ　⑤ファミリーマート　■ 中高層住宅
　　　②赤レンガ公園　④光の広場　　⑥もみの木保育園　□□□ 戸建て住宅
　　　⌐ ¬ 学区域　　　○--● 写真投影調査のコース

図2−1　研究対象地域　長峰地区
（稲城市全図　2004年稲城市発行　により作成）

ーパーマーケットまでいかなければならない。学区のほぼ中央に、バス通りがあり、バスで最寄り駅の京王線稲城駅や若葉台駅と結ばれる。バス通りは、幹線道路から離れ、交通量は多くない。小学校の学区域は長峰地区と若葉台地区の一部を含み、若葉台地区は飛び地となっている。

　長峰地区の人口は、1,423世帯、4,330人（2004年現在）で、年齢階梯別人口をみると、35〜39歳の勤労者世代と5〜9歳の学齢世代が多く、60歳以上の割合は市内の他の地域に比較して低い（稲城市 2004）。祖父母との同居世帯も少なく、これはニュータウン地区の特色と考えられる。産業別人口では、

稲城市の他地域より農業従事者の割合が低く、都心へ通う雇用労働者世帯が多い。子どもを取り巻く状況としては、ニュータウン地区の特色から、寺院や神社などがなく、それらを中心とした伝統的な子どもが参加する祭礼や縁日は存在しない。地域の子供会は組織されており、夏季休業中にラジオ体操を行っている。また、夏季休業中に「長峰夏祭り」が小学校の校庭で地域住民による夜店が出店して行われる。しかし、神輿を担いで地域を練り歩くような行事はなく、地域における様々な行事や活動を通して子どもが空間行動を広げる機会は、多いとはいえない。また、学校と保護者の連携をはかるPTA組織は、2004年度に組織され、活動を始めた。

第3節　手描き地図の分類方法

　子どもの知覚環境を検出するために、一般的に手描き地図が用いられる。手描き地図の分類については、現在までいくつかの方法が提示された（図2-2）。Appleyard（1970）は、手描き地図を空間的様式と連続的様式の2種類に区分し、さらにそれぞれに対して4段階の下位分類を設け、8種類の分類を提示した。この分類は、極めて概念的な分類であり、理論的には分類できるが、現実にはすべての分類にあてはまる地図が描かれるとは限らない。現実に描かれた地図の分類方法としては、適さない面がある。

　岩本（1981）は、自宅と学校を中心とする手描き地図の空間的な広がりに注目し、第Ⅰ型から第Ⅳ型までの4種類の分類を示した。手描き地図の空間的な広がりをとらえるには、理解し易い分類方法である。この方法では、第Ⅰ型がルートマップを、第Ⅳ型がサーベイマップを意味していると考えられる。しかし、ルートマップとサーベイマップの明確な区分は示されていない。泉（1993）は、ルートが形成されていない「ドット型」と、ルートが形成されている「ルート型」に分け、さらにサーベイマップを「サーベイ狭小型」「ルート・サーベイ結合型」「サーベイ広範囲型」に分類し、地点と道路の描

第2章 知覚環境の発達の一般的特色　31

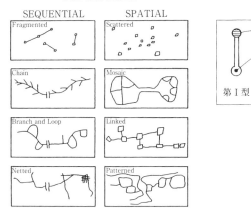

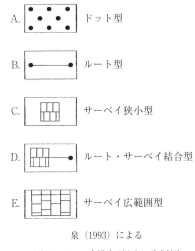

図2-2　手描き地図の分類例

き方を基に合計5種類の分類を試みた。この分類はルートマップとサーベイマップの区分を示している点で評価しうる。しかし、ルートマップをすべて同一の分類に含めているため、ルートの発達の程度が分かりにくい。また、竹内（1999）は、同様にルートマップとルートマップの区別に注目し、「評定0　全く地図を描くことができない場合」「評定1　自宅と学校の間が一本の道路のみで結ばれている場合」「評定2　一部何本かの交差する道路が描かれている場合」「評定3　サーベイマップ型地図の初歩的な段階」「評定4　一定の空間的広がりが描けている場合」「評定5　描図空間が広範囲に及び、かつ方位・方向が正確に描けている場合」の6種類の分類をした。ここでは、ルートマップとサーベイマップのそれぞれに下位分類がなされ、発達の段階が示されている。しかし、サーベイマップを空間的広がりと正確さによって分類するが、広さと正確さの程度について明確には説明されていない。

　手描き地図の発達を読み取る場合、ルートマップの成立およびルートマップからサーベイマップへの変化に注目することが重要であると考えられる。本研究では、まずルートマップが形成されているか否かによって区分し、ルートマップが形成されていない地図を「非ルート」として分類した。さらに、ルートマップとサーベイマップを区分し、それぞれに発達の視点から2種類の下位分類を設け、合計5種類に区分した（図2－3）。すなわち、非ルートは、建物や地物が単独で描かれ、道路で結ばれていない地図である。ルート1型は、主として自宅と学校を結ぶ最も単純な地図である。ルート2型は、学校と自分の家を結ぶルートを含め、複数のルートが見られ、ルートが発達した形態である。

　サーベイ1型は、道路で囲まれた複数の地区や街区が描かれ、空間的な広がりがみられる地図である。サーベイ2型は、多数の地区や街区が描かれ、より広い空間が描かれた地図である[2]。このように分類すれば、ルートマップとサーベイマップの出現頻度が分かり、またそれぞれの分類ごとの発達の

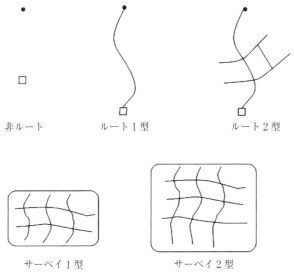

図2-3　手描き地図の分類モデル
(筆者原図)

傾向をとらえることができると考えられる。以下この分類に従って、手描き地図の発達の傾向を分析する。手描き地図の分類に際しては、上記の分類基準に従って筆者が分類を行った[3]。

第4節　調査結果

第1項　手描き地図の形態分類

　全体的な傾向として、保育園の年長児から小学校第1学年までは、非ルート及び、ルート1型の地図の割合が高い（図2-4）。年長児ですでにルートマップを描く事例が見られ、小学校入学前からルートマップが成立し、道路をたどるように知覚環境が広がっていると考えられる（図2-5、図2-6）。

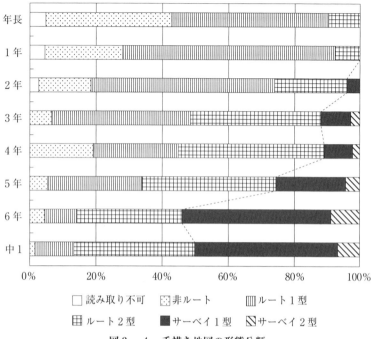

図2-4 手描き地図の形態分類
(手描き地図調査により作成)

　第2学年においてもルート1型の地図の割合が高く、ルート2型の地図の割合が増加し、わずかにサーベイマップが見られるようになる。第3学年になるとルート2型の割合がさらに増加し、ルート1型とルート2型を合わせた割合は、約80％に達する（図2-7）。第4学年でも約70％がルートマップを描く。第3・4学年の段階ではサーベイマップの割合は10％程度にすぎない。第5学年では、最も割合が高い分類は、ルート2型であり、まだルートマップの段階にとどまる子どもが多いことが分かる。しかし、1型と2型を含めたサーベイマップの割合が増加し、約30％になる。第6学年では、さらにサーベイマップの割合が増加する（図2-8）。しかし、第6学年、中学校第1学年においても依然サーベイマップの割合は、約50％であり、割合が高いと

第2章 知覚環境の発達の一般的特色　35

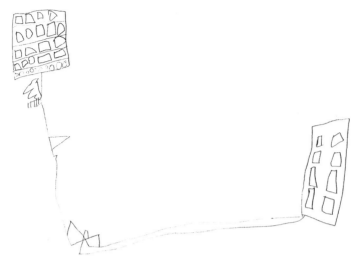

図2-5　手描き地図　ルート1型　保育園年長

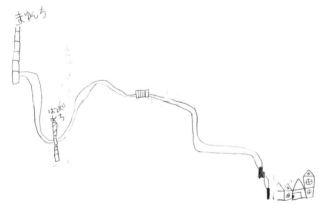

図2-6　手描き地図　ルート1型　小学校第1学年

図2-7　手描き地図　ルート2型　小学校第3学年

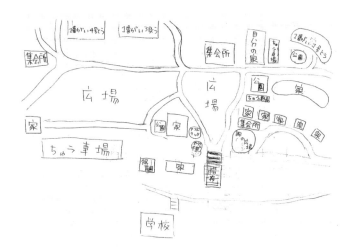

図2-8　手描き地図　サーベイ2型　小学校第6学年

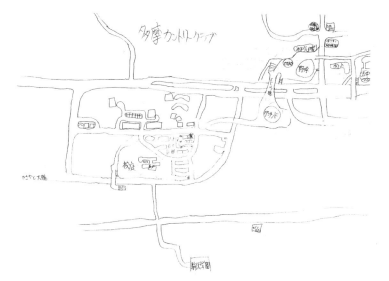

図2-9　手描き地図　サーベイ2型　中学校第1学年

はいえない。一部に広い空間を描くサーベイ2型の地図が約10％見られる（図2-9）。

このように、ルートマップは、小学校就学前から成立し、小学校第5学年まではルートマップの割合が過半数を占める。ルートマップからサーベイマップへの移行は、学年が上がるに連れて漸次進む。しかし、中学校第1学年でもサーベイマップを描く子どもの割合は約半数にとどまる。

第2項　手描き地図に描かれた要素

手描き地図に描かれた要素を抽出し、その数量を種類別に示した（図2-10）。全体的に年長児から第2学年までは、描かれる個数は、それほど多くはない。第3学年になると描かれる要素の個数が急速に増加する傾向が読み取れる。しかし、第3学年から中学第1学年までは、急速な増加は見られず、全体的には中学第1学年では、かえって要素の個数が減少する傾向

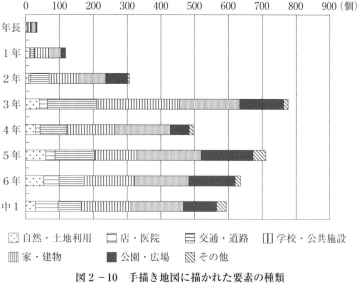

図2-10 手描き地図に描かれた要素の種類
(手描き地図調査により作成)

が見られる。これは、知覚環境が発達していないためではなく、学年が上がるにつれて、描き方が変化するためと考えられる。泉（1993）が指摘するように広がりのある空間をまとめて表現する簡略化が行われることによる。表現の簡略化のため上学年でも、それに伴った要素の個数の増加はみられない。さらに、描き方が変化する背景には、知覚の方法そのものが変化する実態があると考えられる。第3学年までは、個別の地物に対する注目の度合いが高く、地図にそれらを詳細に記述する傾向がある。その後第4学年以降は、それらへの注目の度合いが低減し、地図において個別のものをまとめて表現するようになり、地図の要素の個数の増加は見られなくなる。学年が上がるにつれ、それぞれの場所における個別の地物とのかかわりが希薄になっていると言える。

いずれの学年でも比較的頻度が高い要素は、「学校・公共施設」「家・建

物」「公園・広場」などである。学年が上がるにつれて、割合が低くなる要素に、「交通・道路」がある。第3学年ではこの割合が高いが、第6学年、中学第1学年ではさほど高くない。これは、第2・3学年の子どもは、横断歩道、信号、バス停などの要素をルートに描く際に詳しく記述する傾向があるためである。一方で学年が上がるにつれて割合が高くなる要素に「店・医院」がある。

　頻度の高い個別の要素では、「自分の家」と「小学校」がどの学年においても高い頻度で出現する（表2-1）。地図を描くときに、描き始めた場所を記録した結果、自分の家か学校のどちらかから描き始める割合が非常に高い。例えば、第2学年では27例中44.4％にあたる12例が、自分の家から描き始めており、学校から描き始めたものが7例25.9％あった。「自分の家」と「学校」は地図を描くときの拠り所となり、知覚環境を形成する際に重要な意味をもつと考えられる。

　手描き地図に描かれた要素の学年別の傾向をみると、保育園年長児と小学校第1学年では、「自分の家」と「小学校」または「保育園」が描かれ、それ以外の要素は少数である。小学校第2・3学年では、「ぞうさん公園」「赤レンガ公園」「銀のタヌキ」などの公園や広場が描かれる頻度が高い[4]。また、「信号」「横断歩道」など「交通・道路」に関する要素が見られる。第5・6学年では、「ファミリーマート」「総合体育館」などの要素がみられるようになる。これら学年では遊び場のアンケート調査においてよく遊ぶ場所として「店やコンビニの近く」が選択されており、「ファミリーマート」は、手描き地図に意味のある場所として表現されていると考えられる。「総合体育館」はスポーツの習い事をする場所であり、また、体育館前の広場は遊び場にもなっており、高学年の子どもにとって重要な場所といえる。

第3項　建物表現の形式

　子どもが描いた建物や地物の表現形式を分類すると、水平方向から見た通

表2-1 手描き地図に描かれた主な要素

(人数)

番	年長		小1		小2		小3		小4		小5		小6		中1	
1	自分の家	12	小学校	26	自分の家	44	自分の家	85	自分の家	66	自分の家	61	自分の家	53	自分の家	40
2	もみの木保育園	8	自分の家	24	小学校	42	小学校	84	小学校	52	小学校	52	小学校	45	中学校	36
3	木	3	友達の家	9	公園	14	公園	30	駐車場	33	駐車場	36	もみの木保育園	36	向陽台小	28
4	信号	3	もみの木保育園	3	校庭	13	もみの木保育園	29	公園	27	小学校	32	公園	31	公園	23
5					遊具	12	校庭	23	街区・号棟	20	公園	30	駐車場	31	スーパー三和	18
6					公園	12	正門・西門	23	もみの木保育園	19	遊具	29	ファミリーマート	26	マンション	16
7					階段	10	階段	22	遊具	19	街区・号棟	28	遊具	24	野球場	14
8					信号	10	大階段	22	マンション	19	道路・歩道	26	街区・号棟	23	家・住宅	14
9					友達の家	10	信号	22	ぞうさん公園	16	草原・芝生	20	駐車場	20	駐車場	13
10					ぞうさん公園	9	駐車場	21	道路・歩道	16	ぞうさん公園	20	草原・芝生	20	カメ公園	11
11					マンション	8	赤レンガ公園	19	大階段	17	もみの木保育園	15	総合体育館	18	店	11
12					銀のタヌキ	8	道路・歩道	17	正門・西門	17	階段	14	ぞうさん公園	18	バス停	8
13					横断歩道	8	ぞうさん公園	17	校庭	17	マンション	12	階段	18	階段	8
14					赤レンガ公園	8	銀のタヌキ	17	草原・芝生	11	木・森	11	家・一戸建て	17	みはらしの家	8
15							家・一戸建て	16	大階段	11	ゴミ置き場	11	木・森	16	木・森	8
16							木・森	14	バス停	10	ファミリーマート	11	バス停	16	自転車置き場	8
17							横断歩道	13	友達の家	10	家・一戸建て	10	風の広場	16	小学校	8
18							ファミリーマート	12	信号	10	家・一戸建て	10	集会場	16	ampm	8
19							遊具	12			赤レンガ公園	10	大階段	13		
20							学童クラブ	11			自転車置き場		空き地	12		
21							草原・芝生	11			総合体育館		友達の家	12		
22							友達の家	11			くものす公園			12		
23											集会場			11		
24											横断歩道			10		
25											店					

(手描き地図調査により作成)

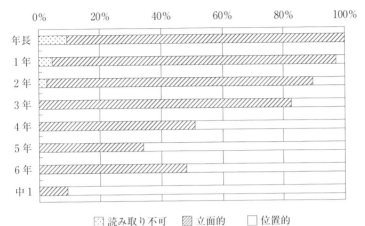

図2−11 建物表現の形式
（手描き地図調査により作成）

りに絵のように描く立面的な表現と、上空から垂直に見たように描く位置的な表現の2種類に分けることができる（大西1999）。前掲の第3学年の手描き地図は、立面的な表現であり（図2−7）、第6学年は位置的な表現である（図2−8）。表現形式の学年ごとの発達を見ると、年長児は全員立面的な表現である（図2−11）。小学校第1学年でわずかに位置的な表現が見られる。その後、学年が上がるにつれ、位置的な表現が増える。しかし、第3学年では、位置的な表現は20%に満たない。ようやく第4学年で約半数が位置的な表現になり、中学校第1学年では、90%が位置的な表現ができるようになる。

このように、建物表現の変化から、小学校第3学年までとそれ以降では知覚の方法が異なると考えられる。第3学年までは、水平方向の視点から環境をとらえる方法が支配的である。その後第4学年以降では、徐々に視点の転換がなされ、垂直方向から環境をとらえる視点に変わり、中学校第1学年で、視点の転換はほぼ達成される。すなわち、知覚の方法が発達することが、地図の表現に変化をもたらすと考えられる。

地図を描くときに使用した用紙（B4判）の枚数について調べると、学年段

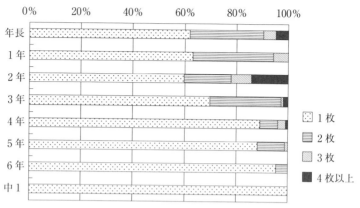

図2-12 地図を描く用紙の枚数
（手描き地図調査により作成）

階に応じた差異がみられる（図2-12）。年長児から小学校第3学年までは、複数の枚数を使って地図を描く子どもが30％以上みられる。第4学年以降は次第に減少し、中学校第1学年では、全員が1枚の紙で地図を描いている。用紙の枚数は、知覚の仕方の違いによる描き方の差異を表していると考えられる。すなわち、ある地点からルートをたどるように描き始めた場合、1枚の紙面の中で目的地まで到達できない場合、もう1枚の用紙が必要となる。

　上空から垂直に見る視点に立って、描く範囲と用紙の大きさとの関係を考えることができれば、1枚の紙の中に描きたい範囲をおさめることができる。第4学年以降、位置的な表現を獲得し、紙の大きさを考慮した上で、1枚の紙に地図を描くことができる子どもの割合が増加する。

第4項　子どもの遊び行動の特性

　知覚環境の発達を規定する要因として、子どもの遊び行動が挙げられる。子どもの遊び行動を、質問紙法による調査を基に、遊び空間、遊び時間、遊び仲間の視点から考察する。

表2-2　小学生の遊び場　第3学年から第6学年

(％)

学年	家の中	道路	公園	体育館	空き地	森や林	学校の校庭	店やコンビニの近く	その他
3年	54.1	4.6	70.6	5.5	17.4	6.4	24.8	9.2	16.5
4年	61.0	6.0	75.0	5.0	6.0	1.0	24.0	7.0	25.0
5年	65.6	8.6	69.6	5.4	15.1	7.5	22.6	10.8	15.1
6年	67.0	5.5	78.0	37.4	5.5	8.8	14.3	18.7	9.9
合計	61.6	6.1	73.3	12.7	11.2	5.9	21.6	11.2	16.8

(アンケート調査により作成　複数回答)

1　遊び空間の特性

　子どもがよく遊ぶ場所については、全体的に「公園」の割合が高く、第3学年から第6学年の合計で70％を越える（表2-2）。次いで「家の中」の割合が高く、約60％が家の中で遊ぶと回答する。過半数の子どもが遊び場として回答した項目は、これらの2項目のみである。続いて「学校の校庭」の割合が21.6％で第3位となる。当該地域では、丘陵地という地形的特色から平坦な面が少なく、街区公園の広場も傾斜地が多い。学校の校庭は、数少ない平坦な場所となっており、サッカーやドッジボールなどのボール遊びをするのに適する。これに対し、「道路」6.1％ならびに「森や林」5.9％は、回答した子どもの割合が低い。また、「空き地」という回答は、第3学年が高く、子どもにとって歩道の片隅や建物の出入り口の近くなど、わずかな場所を遊び場として活用している実態がうかがえる。

　放課後の活動から遊びの内容についてみると、第3学年から第6学年の合計で、全体として「ボール遊び」36.4％「テレビゲームをする」31.8％「本やマンガを読む」30.8％などの割合が高い（表2-3）。これに「おしゃべりをする」20.9％「おにごっこやかくれんぼ」20.6％が続く。

　学年が上がるにつれて、割合が高くなる項目に「おしゃべりをする」がある。これは、特に第6学年の割合が非常に高い。高学年の女子は特におしゃ

表2－3　放課後の活動　第3学年から第6学年

(％)

学年	テレビゲームをする	自転車乗り	本やマンガを読む	ボール遊び	おにごっこやかくれんぼ	おしゃべりをする	秘密基地をつくる	カードゲーム	買い物に行く	その他
3年	24.8	23.9	21.1	33.0	15.6	11.0	7.3	10.1	17.4	28.4
4年	34.0	20.0	40.0	37.0	16.0	17.0	6.0	24.0	10.0	27.0
5年	33.3	18.3	26.9	31.2	25.8	22.6	0.0	23.7	8.6	30.1
6年	36.3	8.8	36.3	45.1	26.4	35.2	11.0	7.7	17.6	18.7
合計	31.8	18.1	30.8	36.4	20.6	20.9	6.1	16.3	13.5	26.2

(アンケート調査により作成　複数回答)

べりすることを好む傾向があると考えられる。また逆に、高学年で割合が低くなる項目に「自転車乗り」がある。「自転車乗り」は、第3学年では全体で23.9％だが、第6学年では8.8％に過ぎない。

　この他に学年によって偏りが大きい項目として、「カードゲーム」が挙げられる。これは第4・5学年の割合が高い。この偏りは、その学年でカードゲーム遊びが一時的に流行している実態の反映であると考えられる。また、全体の中で最も割合が低い項目は「秘密基地をつくる」である。ニュータウン地区の特性から、計画的に作られた公園が多く、子どもが「秘密基地」を作ることができる空間は、ほとんど見あたらない[5]。

　このように、ニュータウンの住宅地内に点在する街区公園や学校の校庭が子どもにとって重要な場所となっている。全学年を通して公園や校庭などでサッカー、野球、ドッジボールなどの「ボール遊び」をすることが最も一般的な外遊びの形態であることが分かる。また同時に、家の中も遊び場として選択され、「テレビゲーム」、「マンガや本を読む」という室内遊びを好む傾向がうかがえる。しかし、特定の場所とかかわり、場所体験を深める「秘密基地をつくる」ような活動はほとんど見られない。

2　遊び時間の特性

　遊び時間を制約するものとして各種の習い事や通塾行動が挙げられる。ここでは、学習塾も含めた習い事の内容を調査することを通して、放課後において自由に遊ぶ時間がどの程度確保されているかについて考察する。

　習い事に通う児童は、第3学年から第6学年を通して全体的に割合が高い。特に第6学年においては、90％以上が習い事に通っている。

　習い事の内容は、学年ごとにみると、第3・4学年では、「スポーツ」の割合が高い（表2-4）。第5・6学年になると、「勉強の塾」の割合が高くなり、高学年になるほどいわゆる学習塾に通う傾向が顕著である。スポーツでは、男女ともにサッカークラブがあり、休日に学校の校庭でサッカーの試合が行われる。また、学区内にある総合体育館では、子ども対象の柔道や空手などクラブ活動がある。

　1週間当たりの習い事の回数は、学年が上がるにつれて、増える傾向にある（表2-5）。第3学年では、週1回の割合が32.1％と高い。第5学年では、週に2回または3回の割合が高くなり、第6学年になると、週に4回以上という回答の割合が最も高く40.7％にのぼる。

　遊び時間の確保という視点から考えれば、習い事の増加は、子どもが遊びに使える時間が減少することを意味する。特に第6学年では、習い事の回数も多く、学区域を離れバスや電車などを使い学習塾に行く傾向が強まり、放

表2-4　小学生の習い事　第3学年から第6学年

(％)

学年	勉強の塾	そろばん	音楽	スポーツ	その他
3年	28.4	1.8	35.8	52.3	6.4
4年	34.0	5.0	30.0	57.0	11.0
5年	52.7	1.1	31.2	50.5	17.2
6年	60.4	1.1	25.3	49.5	16.5
合計	43.0	2.3	30.8	52.4	12.5

（アンケート調査により作成　複数回答）

表2−5　1週間当たりの習い事の回数　第3学年から第6学年
(％)

学年	1回	2回	3回	4回以上
3年	32.1	20.2	13.8	12.8
4年	16.0	17.0	25.0	26.0
5年	11.8	22.6	20.4	19.4
6年	13.2	16.5	18.7	40.7
合計	18.8	19.1	19.3	24.2

(アンケート調査により作成)

表2−6　遊び仲間の人数　第3学年から第6学年
(％)

学年	1人	2〜3人	4〜5人	6〜9人	10人以上
3年	2.8	53.2	25.7	10.1	5.5
4年	6.0	56.0	25.0	9.0	2.0
5年	2.2	39.8	39.8	10.8	0.0
6年	0.0	30.8	46.2	16.5	0.0
合計	2.8	45.5	33.6	11.5	2.0

(アンケート調査により作成)

課後や休日に友達と遊ぶために使える時間は、限られてくるといえる。

3　遊び仲間の特性

　遊び仲間の人数は第3・4学年では、「2〜3人」という回答の割合が高い（表2−6）。第5学年では「2〜3人」と「4〜5人」の回答が同数である。

　第6学年では、「4〜5人」という回答の割合が最も高い。「10人以上」という回答は少なく、特に第5・6学年では0％で、大人数で遊ぶ機会はほとんどないことが分かる。

　大西（1998）は、遊び仲間の人数の減少傾向を指摘し、少人数の「2〜3人」を遊び仲間とする比率は、世代間を比較すると世代が新しくなるほど多

くなると述べている。この地域においても、遊び仲間の規模は小さいことが分かる。学年があがるにつれて、遊び仲間の規模はやや大きくなる傾向があるものの、10人以上の大人数で徒党を組んで遊ぶ姿は見られず、「2～3人」多くても「4～5人」が一般的である。

　アンケート調査の結果から、子どもの遊び空間は、街区公園への依存度が高いといえる。この地域のようなニュータウン地区では、公園を始め住宅地全体が計画的に作られる。子どもの遊び空間は大人によって用意されたオープンスペース、遊具スペースに依存している。

　遊び時間は、習い事に費やす時間が多いことから、制約が大きい。とくに休日はスポーツの試合や学習塾、買い物などに割り当てられることが多く、友達と共有する時間は少ない。習い事や買い物による外出以外は室内で過ごす割合が高い。平日の放課後、学校から帰ってから日没までの時間が友達と遊ぶことができる時間帯である。学年が上がるにつれて時間的な制約が強まる傾向がある。通塾や習い事が多いため、多くの人数で時間を共有することが難しく、遊び仲間の規模も小さくならざるを得ない。

　知覚環境を発達させるためには、野外における探検行動や場所体験が重要である。しかし、子どもの遊び行動は、遊び空間、遊び時間、遊び仲間のそれぞれの面で制約されている実態が明らかになった。

第5項　相貌的な知覚の実態と知覚環境の発達

　一般に年少の子どもは、大人と知覚の方法が異なり、相貌的な知覚の傾向が強いことが明らかにされている（山野 1985、寺本・吉松 1988、寺本 1990）。この相貌的な知覚の特徴として、感情を込めてとらえること、抽象化の度合いが低く、具体的な個別の事象の意味をとらえる傾向があることが挙げられる。地図に描かれた地物の表現の形態の分析と写真投影法による調査から相貌的な知覚の実態とその変化について明らかにする。

1　小学校の描き方から見た相貌的な知覚

　地図に記入される地物の表現は、発達段階に応じて変化する。これは主に、場所への意味づけの仕方が変わり、環境の知覚の方法が発達するためであると考えられる。子ども特有の知覚の方法を分析するために、地図に描かれた要素の中から各学年で描く頻度が最も高い小学校を選定し、表現の傾向を分析する。

　子どもが小学校を地図に表現するときの描き方は、学年によって差がある。地図を描くときにただ単に「学校」とのみ記入した場合と、小学校にある「校舎」、「教室」、「体育館」、「サッカーゴール」などの要素を細かく記入した場合では、描き方が大きく異なる。ここでは、小学校を描くときの要素の種類とそれを描いた子どもの割合に注目して分析し、あわせて、建物表現を立面的な表現と位置的な表現とに区分した。子どもが小学校を描くときは、合計38種類以上の要素が描かれている（図2-13）。

　第1学年では、主に「学校」「校舎」が描かれ、全体として描かれる要素の種類は少ない。この段階では、子どもの知覚そのものおよび描図技能が未発達であるためと考えられる。第2学年では描かれる要素の種類が増加する。「学校」という表現が一番多く、「校舎」や「教室」を描く傾向が見られる。特に教室に関しては、自分が所属する学級の教室を描くことが多く、学校の中では毎日勉強する教室が子どもにとって最も意味のある場所と解釈することができる（図2-14）。また、「正門」「西門」「校庭」「体育館」など学校の中の日常的に目にする特定の場所を描く割合が高い。第3学年になると要素の種類はさらに増加する。「教室」は、自分の教室が描かれるだけではなく、他学年の教室、保健室、音楽室などの特別教室が、それぞれ描かれる事例がみられる。また、「ブランコ」「うんてい」「ジャングルジム」などの遊具が要素として描かれる。これらの各々は、学校内における遊び行動を通して意味づけられた要素と考えることができる。さらに、「文」という地図記号によって学校を表現する地図がみられる。これは第2学年までは見られないた

第2章 知覚環境の発達の一般的特色 49

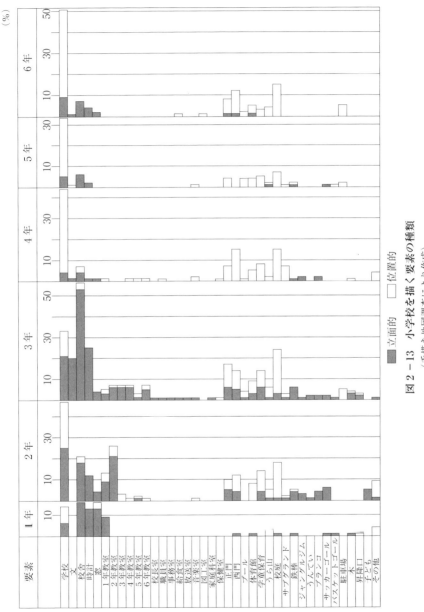

図2-13 小学校を描く要素の種類
(手描き地図調査により作成)

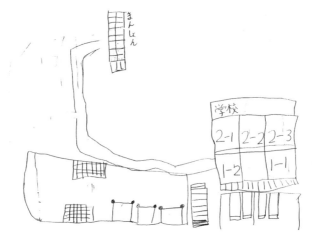

図2-14 学校を描いた手描き地図 小学校第2学年

め、第3学年の社会科における地図学習の影響であると考えられる。

　第4学年では、要素の種類は減少する。学校の位置的な表現が増加し、校舎内の各教室を個別に描くような表現が減少するためである。校舎の絵を描くより「学校」という言語表現を使って地図の中で位置を示すようになり、自分にとって意味のある場所をひとつずつ個別に描く傾向が弱まる。第5学年では、要素の種類はさらに減少し、描き方は第4学年よりいっそう位置的な表現が増加する。描かれる要素としては、各教室という校舎内の要素よりも、校舎外にある「校庭」「体育館」などの要素が多く見られる。第6学年では、第5学年と同様に位置的な描き方が多く、「学校」または「校舎」という要素に代表させて学校を表現する割合が高い（図2-15）。

　全体的な傾向として、第3学年以前と第4学年以降では、描き方に大きな差がある。第3学年までは、自分にとって意味のある要素が個別に数多く描かれ、特に第2・3学年に著しい特徴が読み取れる。学校の教室、グランドやサブグランドにある遊具、プール、学童クラブの建物などが細かに描き込まれる傾向が強い。また、表現は立面的な描き方の割合が高い。第4学年以

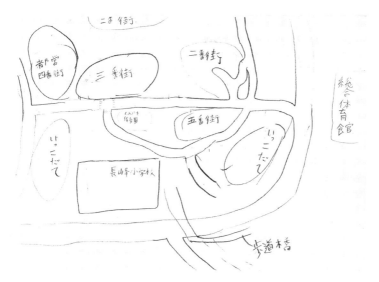

図 2-15 簡略化した手描き地図 小学校第 6 学年

降は、その傾向が急速に変化し、描かれる要素の個数が減少する。校舎外にある正門、西門などのいくつかの要素を描き入れるにとどまり、学校を言語によって表象して描く傾向が強まる。また、位置的な表現が増加する。

　学校の表現の形態を分析すると、第 3 学年までは、相貌的な知覚が強く残存し、教室や遊具など個別の事象を詳しく描く傾向が顕著であると考えられる。それ以後、急速に相貌的な知覚の傾向が薄れていくため、学校の表現に大きな変化が表れる。

2　写真投影から見た相貌的な知覚

　小学校第 3 学年以前は、相貌的な知覚が色濃く残っている段階と考えられる。第 3 学年における相貌的な知覚の実態を考察するために、写真投影法による調査を実施した（寺本・大西 1995）。第 3 学年の子ども 7 人を対象として、一人ひとりにカメラ（レンズ付きフィルム）をもたせた。そして、地域の写真

を写し、撮影された写真とそれに対する子どもの説明から、知覚の方法の実態を分析する。

調査では、調査対象の子どもに小学校に集合してもらい、1人1個ずつカメラを渡した。子どもが学区域を歩きながら、歩いたコースに沿って写真を撮影した[6]。

7人の子どもが撮影した写真の枚数は、合計で166枚である（表2-7）。これを子ども自身が「すき」「きらい」「どちらでもない」の3つに分類し評価し、その理由を記述した。このうち「すき」が105、「きらい」28、「どちらでもない」32、未回答1となり、「すき」が最も多い。子どもは好意的な感情をともなって環境をながめ、写真を撮影する場合が多いことが分かる。次に、撮影された内容を2～3メートル以内の比較的近い距離から撮影された「近景」、遠くの風景を撮影した「遠景」、両者の中間に位置する「中景」に区分した。その結果「近景」を撮影した写真が最も多く81である。「中景」がこれに続き72で、「遠景」はわずか13に過ぎない。第3学年の子どもは花、木、動物など身近な事象を撮影し、比較的近接した場所にある個別の事象をとらえる傾向があることが読み取れる。反対に、空間的な広がりのある遠景すなわち風景をとらえる例は少ない。また、写真を撮影した子どもが描いた手描き地図を分類すると、7人中6人はルートマップでルート1型が2人、ルート2型が4人となり、1人のみサーベイ1型を描いている。

次にルートマップを描いた子どもとサーベイマップを描いた子どもの個別の事例を参照し、知覚の方法の特色について検討する。

（1）ルートマップを描いた児童　児童2-③の事例

この子どもが撮影した写真は、近景13、中景12、遠景1であり、近景が多いことがわかる。また、内容をみると学校を写した写真が多く、26枚中11枚ある。手描き地図においても学校を大きく描き、写真でも学校を撮影する割合が高く、この子どもにとって学校が重要な意味のある場所だと考えることができる。また、写真を写した理由については、学校のプールが好きな理由

第2章　知覚環境の発達の一般的特色　53

表2-7　撮影した写真の内容

番号	児童2-①　内容	評価	遠近	児童2-②　内容	評価	遠近	児童2-③　内容	評価	遠近	児童2-④　内容	評価	遠近	児童2-⑤　内容	評価	遠近	児童2-⑥　内容	評価	遠近	児童2-⑦　内容	評価	遠近
1	公園	○	中	公園	○	中	公園	○	中	広場	△	中	公園	○	中	公園	△	中	公園	○	中
2	案内地図	○	中	広場	○	近	大階段	×	中	坂浜	○	遠	学校	○	近	大階段	×	近	学校	△	近
3	学校	○	中	学校	△	中	学校	○	中	坂浜	○	遠	学校	○	中	学校	○	中	学校	…	近
4	学校	○	近	学校	○	近	学校	○	近	学校	○	中	学校	○	中	学校	△	近	学校	○	近
5	ファミリーマート	○	中	学校	○	中	学校	○	近	坂浜	○	遠	道路	○	中	学校	○	中	家	△	近
6	総合保育館	○	中	学校	○	中	学校	○	近	坂浜	○	中	工事場所	×	中	学校	○	近	広場	△	中
7	家	○	近	学校	○	中	木	○	近	木	○	中	公園	○	近	花	○	中	公園	△	中
8	広場	△	近	学校	○	近	花	○	近	家	○	近	店	△	近	学校	○	中	道路	△	中
9	案内地図	△	近	友達	×	近	エントランス	×	中	建物	△	中	歯医者	○	中	空き地	△	中	木	△	中
10	店	△	近	学校	×	近	広場	○	中	花壇	○	中	歯医者	×	中	郵便受け	×	中	若葉台	△	遠
11	店	△	近	学校	×	近	橋	○	近	花壇	○	中	家	○	近	置物	○	中	橋	△	近
12	歯医者	○	中	学校	×	近	歯医者	△	近	木	○	近	花壇	○	遠	空き地	×	中	坂浜	△	遠
13	保育園	○	近	学校	×	中	店	×	近	橋	○	遠	保育園	○	近	工事場所	○	近	店	△	近
14	保育園	△	近	坂浜	○	遠	保育園	○	中	坂浜	○	中	公園	×	中	広場	△	中	店	○	近
15	友達	△	近	道路	○	中	花	○	中	店	○	近	店	×	近	秘密基地	○	中	歯医者	○	近
16	友達	△	中	道路	△	中	公園	△	中	歯医者	△	中	公園	×	近	公園	○	中	家	△	中
17	友達	△	中	歯医者	×	近	工事場所	△	中	家	○	中	工事場所	×	中	建物	×	中	道路	△	中
18	友達	△	近	道路	×	近				家	○	中	工事場所	○	近	坂浜	○	遠	家	△	遠
19	道路	△	近	道路	○	中				保育園	△	近	工事場所	○	中	工事場所	○	遠	家	○	中
20	橋	△	近	道路	○	中				保育園	○	近	工事場所	×	近	家	×	中	保育園	○	近
21				駐車場	△	中				公園	○	中	保育園	○	中	保育園	△	近	工事場所	○	中
22				動物	△	近				公園	○	中				店	○	近			
23				家	○	中															
24				公園	○	中															
地図	ルート1型			ルート1型			ルート2型			ルート2型			ルート2型			ルート2型			サーベイ1型		
建物	立面			立面			位置			位置			位置			位置			位置		

○すき　△どちらでもない　×きらい　近：近景　中：中景　遠：遠景

(写真投影調査により作成)

図2−16　子どもが撮影した写真　第3学年児童2−③　プール

図2−17　子どもが撮影した写真　第3学年児童2−③　歯医者

として「プールはいつも8月に泳ぐから楽しいと思っている」と説明し(図2−16)、また、「ビオトープ」がきらいな理由は、「まえビオトープに落ちたからきらい」と説明している。「歯医者」は、「はじめて行った歯医者はこわかったからきらい」だと述べ、この歯科医院の建物としての特徴には、触れていない(図2−17)。

図 2−18　手描き地図　小学校第 3 学年児童 2−③　学校が強調される

　このように、その場所での自分自身の体験にもとづいて「すき」「きらい」の判断をしている。また、この子どもは、1 枚だけ長峰の隣接地区である「坂浜」の遠景を写した。この写真については、「おじいちゃんとおばあちゃんがいるからすき」とすきな理由を述べている。風景そのものに好感を抱いているというよりは、親類が住んでいてしばしば訪れる馴染みのある場所だという理由で「すき」と回答していることが分かる。個別の場所を自分の体験に基づいて判断し、その場所で好ましい体験が思い出される場合は、好意的な評価をする傾向が強い。

　この子どもの手描き地図は、ルート 1 型の地図を描き、表現は立面的で、学校を大きく強調して描いている。また、それぞれの学年の教室など学校の要素を細かく描き、道路は学校と自分の家を結ぶルートが描かれるのみである。手描き地図においても個別の事象に注目し、地図に描き込む傾向が見られる（図 2−18）。

図2-19 子どもが撮影した写真 第3学年児童2-⑦ 青公園

図2-20 子どもが撮影した写真 第3学年児童2-⑦ 若葉台の風景

(2) サーベイマップを描いた児童 児童2-⑦の事例

　撮影した写真は、近景が多い。25枚の中で10枚は近景を写している。しかし、中景12枚、遠景3枚となり、広がりのある空間にも注目している。すべり台のある公園を写し、「幼稚園のころ友達とよく遊んだから」とすきな理

第 2 章　知覚環境の発達の一般的特色　57

図 2 - 21　手描き地図　小学校第 3 学年児童 2 - ⑦

由を説明する（図 2 - 19）。また、丘陵地の樹木が見られ、この学区に隣接する若葉台地区の高層住宅が遠くに見られる遠景を「ながめがきれいだから」すきだと理由を述べる（図 2 - 20）。きらいな場所としては住宅の階段横の樹木を「虫がいっぱいいるから」きらいだと言っている。この子どもも遊び場として使っている場所は、すきだと感じ写真に写す例が見られ、自分のその場所での体験に基づいてすき、きらいを判断する傾向がある。一方で、風景を写した遠景の写真も見られ、眺めの美しさに気づき、ある程度広がりのある空間をとらえることができる。この点において知覚の方法に変化が見られる。

　この子どもの手描き地図は、サーベイ 1 型に属し、建物表現は、位置的である（図 2 - 21）。学校は「文」の記号で示され、地図の中央にバス通りが東西に直線的に描かれ、その両側に道路で囲まれたいくつかの街区が描かれている。数か所ある「公園」は位置的な描き方である。この児童は、写真投影で遠景の風景を捉えることができるほど発達が見られ、あわせて、手描き地

58

図では、サーベイマップが形成されている。

3 相貌的な知覚とその変化

写真投影調査の結果第3学年では、身近な場所を自分の体験に基づき感情をともなって意味づける傾向がある。このことから、学校の描き方の傾向と同様に個別の要素に着目し、それに意味づけをする相貌的な知覚の傾向が指摘できる。しかし、児童によっては、広域の空間に注目し、広がりのある風景をとらえられるようになり、知覚の方法に変化が見られる。

第5節　知覚環境の発達の特色

知覚環境の発達プロセスは、保育園の年長児から小学校第3学年までが、ルートマップの形成期に当たる（図2-22）。この時期にルートマップが描けるようになり、学年が上がるにつれて、自分の家と学校を線で結ぶ単純なルート1型の地図から複数の道路を描く、より複雑なルート2型の地図に発達する。

この時期は、建物表現は、立面的な表現が支配的で、地図は水平からの視

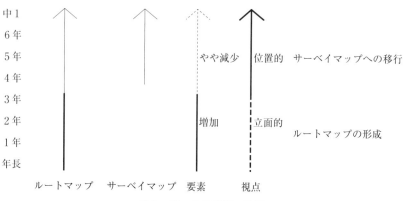

図2-22　知覚環境の発達

点で描かれる。また、知覚の方法は、個別の事象に注目し、感情を込めてとらえる相貌的な知覚の傾向が強い。

　小学校第4学年から中学校第1学年までが、ルートマップからサーベイマップへの移行期である。手描き地図のサーベイマップを描く割合が徐々に増加する。

　サーベイマップを成立させる条件として、第一に、水平から垂直へ視点が転換すること、第二に、広域の環境を知覚することがあげられる。建物表現では、立面的な表現より位置的な表現が増加する。また、それと平行して相貌的な知覚が急速に消失する。すなわち、水平から垂直への視点の転換が行われ、個別的・具体的な知覚の方法から全体的・抽象的な知覚の方法に変化が始まる。

第2章の注

1）調査対象の人数は、以下の通りである。
　保育園年長児21人、小学校第1学年68人、第2学年77人、第3学年109人、第4学年100人、第5学年94人、第6学年91人、中学校第1学年76人。
2）ルートマップとサーベイマップの区分について、髙井（2004）は、道路形状を閉路型と非閉路型に分類し、閉路型の領域が2箇所以上の地図をサーベイマップとした。本研究では、基本的に閉路型が2箇所以上ある地図をサーベイマップに分類した。
3）手描き地図のルートマップとサーベイマップの分類に関しては、すべて筆者が分類を行い、2名の調査者による分類は実施していない。1名による分類でも、髙井（2004）の分類規準に従えば、客観的な分類が可能であると判断した。
4）「ぞうさん公園」はゾウをかたどったすべり台があることから名付けられた。「赤レンガ公園」は、通路にレンガが敷かれていることから名付けられた通称地名である。また、「銀のタヌキ」は、金属製のタヌキのモニュメントがある小さな広場の通称で、子どもが放課後の遊びの場所や待ち合わせの場所としてしばしば利用する。
5）仙田（2009）は、子どもの遊び環境を自然スペース、道スペース、オープンスペース、アナーキースペース、アジトスペース、遊具スペースの6種類に分類した。

大人から干渉されずに秘密基地を作る空間は、アジトスペースに属する。

6）写真投影調査は、実施した調査に参加希望があり、保護者の同意を得られた第3学年の子ども7人を対象とした。はじめに調査者が「あなたの住んでいる町のすきなところやきらいなところなど町の様子を写真にとってください。」と指示し、子どもと調査者が地域を歩き、子どもがカメラで写真を撮影した。後日子どもに撮影した写真についての説明を書いてもらった。調査の詳細は以下の通りである。

調査日時　　2004年5月30日（日）午前10〜12時
天　候　　　晴れ
使用カメラ　レンズ付フィルム
　　　　　　35mmフィルム27枚撮り
行　程　　　学校－総合体育館－光の広場－若葉台公園（図2－1）
距　離　　　約2500m

写真に説明を書く調査は2004年6月11日（金）午後1時30分〜2時に小学校で実施した。

第3章　ルートマップの形成　第1・2学年

　本章以降第3・4・5章において、小学校第1・2学年、3・4学年、5・6学年に区分し、それぞれの学年段階における知覚環境の発達の特色について考察する。

第1節　小学校第1・2学年の知覚環境

　子どもの知覚環境は、ルートマップからサーベイマップへ発達する。一般に小学校第1・2学年の子どもは、ルートマップの形成期に当たる。この時期の子どもは、通学路や主な道路をたどり、ルートを延ばして地図を描く傾向が強い。本章では、小学校第1・2学年の子どもの知覚環境の特色を明らかにするために、手描き地図の形態分類、建物表現、地図に描かれた要素について分析し、続いて個別の児童の変容について考察する。
　手描き地図調査は、第1学年の2013年7月12日に105人を対象として、その後、調査対象の子どもが進級した第2学年の2014年6月11日に同様に105人を対象として実施した[1]。手描き地図調査では、前章の調査と同様の指示を行い、およそ15分から20分の時間を使って、地図を描かせた。用紙はB4判の調査用紙を使用し、2枚以上の用紙を必要とする子どもには、随時用紙を渡すようにした。調査は、第1学年および第2学年の4クラスとも筆者自身が行い、学級担任は調査の補助に当たった。
　研究対象地域は、東京都稲城市押立地区を中心とする地域である。稲城市の東部に位置し、神奈川県川崎市に隣接する地域であり、学区の北側が多摩川に接している（図3-1）。また、学区の南にJR南武線の鉄道と東京都と神奈川県川崎市を結ぶ川崎街道が通る。都市の郊外に当たる東京都多摩地域

にあり、土地利用は住宅地と果樹園、水田などの農地が混在している。学校の近隣には、「どうぶつ公園」「パンダ公園」などの小規模な街区公園があり、子どもの遊び場となっている[2]。学区を多摩川から取水した農業用水である大丸用水が沖積地の地形の傾斜に沿って西から東へ流れる。ここでは、子どもが生き物を捕ることができ、自然とかかわる遊びが展開される。学区の西部に1箇所児童館と図書館がある。小学校には学童保育クラブが併設されており、第3学年までは学童保育に通う子どもが見られる。また、矢野口駅の近くには私立の保育園があり、卒園生が小学校に入学する。

　小学校第1・2学年の時期に、子どもは学校から自分の家までの道路をたどるルートマップを描くことができるようになる。多くの子どもは、小学校に入学するとともに、徒歩により学校まで通学する。幼稚園、保育園のとき

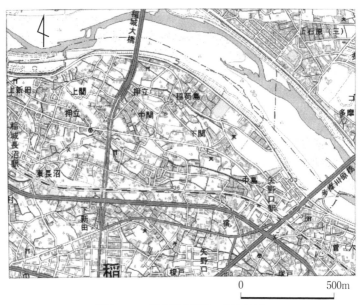

図3-1　研究対象地域　押立地区
（地理院地図による）

は、バス、乗用車や自転車を使って通園することが多く、徒歩の場合でも保護者に伴われて通園していた。小学校では、上級生や友だちと誘いあわせて、歩いて学校まで通うようになる。このような登下校の行動は、地域に関する情報を獲得するために役に立ち、環境から子どもへの入力が増加することになる。

　ルートマップは、道路を延長することによって描く地図であり、これは、ちょうど曲がりくねるヘビの形を連想させることから「ニョロニョロ地図」と言われる。道路をたどる「ニョロニョロ地図」を描けるようになることが、平面地図を描く第一歩となる。この時期の子どもの知覚環境は、限られた狭い範囲の中にとどまる。狭小な知覚環境が、道路をたどって延長されることによって、線的に広がっていく。「ニョロニョロ地図」に代表されるルートマップを描くことができるようになり、それに伴って知覚環境が発達すると考えられる。

第2節　第1・2学年における手描き地図の形態分類

　第1学年の子どもが描いた地図は、ルート1型の地図が最も多い（図3－2）。全体の約46％がこの類型に属する。自分の家と学校を1本の道路で結ぶように地図を描く子どもの割合が高いことが分かる。次に非ルートマップが約30％見られる。これは、ルートを描いていない地図であり、家や学校などの建物が紙面上に散在している。道路を拠り所として、知覚環境を広げることができない段階と考えられる。さらに、ルート2型の地図が約14％見られる。これに属する子どもは、複数の道路を延ばすことによって、より広い環境を地図に描こうとしている。自分の家と学校を結ぶ道路の他に、自分が通ったことのある道路を地図に描く。しかし、一方で一部は、読み取り不可の地図が少数見られる。第1学年では、過半数の子どもがルートマップを描くことができる。しかし、まだルートマップが形成されていない地図

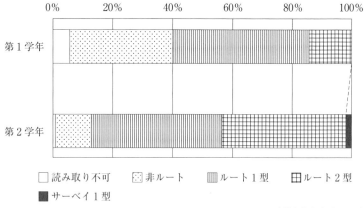

図3-2　手描き地図の形態分類　小学校第1・2学年
（手描き地図調査により作成）

もある程度の割合で見られる。

　第2学年においては、非ルートの割合が減少し、ルート1型およびルート2型の割合が増加する。これは、紙面上に地物をばらばらに描く地図から、道路をたどり、それを延長するように描く地図に変化していることを示す。動線3)を獲得することによって、地図を描くことができるようになったと考えられる。ルート1型は約44％であり、ルート2型も約42％見られる。

　第2学年では、特にルート2型の増加が著しい。自分の家と学校を結ぶような単純な地図から、道路が枝分かれし、複数のルートを描く地図に発達していることが分かる。また、一部にサーベイマップを描くことができる子どもが少数見られる。

第3節　第1・2学年における建物表現の形式

　第1学年では、子どもが描いた地図の建物表現は、ほとんどが立面的な表現である。すなわち、水平からの視点で、自分が見た通りに絵を描くように

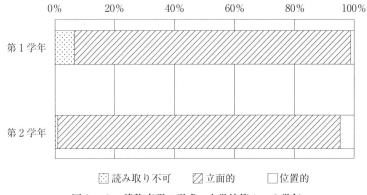

図3-3　建物表現の形式　小学校第1・2学年
(手描き地図調査により作成)

建物を表現している子どもが多い（図3-3）。家から学校までの道順を再現するように地図を描き、建物についても視覚的に見える通りに描こうとしている。したがって、道路の両側に建物や街路樹などの地物が、向かい合うように配置され、絵の様な表現となっている。この段階では、水平の視点から垂直の視点への視点の転換はなされていないことが分かる。

　第2学年では、引き続き立面的な表現の子どもが多い。全体の90％以上が立面的な表現で地図を描いている。小学校第2学年の段階では、立面的な表現から位置的な表現への視点の転換はなされていないため、建物表現に大きな変化は起こらない。

　しかし、一部に少数ながら位置的な表現があり、上空からの視点で位置を示すように建物を描くことができる子どもも見られる。一部の子どもにおいては視点の転換が始まっていると考えられる。全体的には、第2学年の段階では、第1学年のときと同様に水平からの視点で建物を描く立面的な表現をする子どもが、圧倒的に多い事実が明らかになった。

第4節　第1・2学年における手描き地図に描かれた要素

　小学校第1学年の手描き地図に描かれた要素について分析すると、要素の種類が少数に限られることが分かる。その中で最も多いものは、「家・建物」である。また、次に多い要素は、「学校・公共施設」となる（図3-4）。第1学年の子どもは、身近な地域の地図を描き始めるときに、「自分の家」あるいは「小学校」から描き出す場合が多い。したがって、要素として「自分の家」と自分が通学する「小学校」が地図に描かれる割合が高い。地図の分類では、ルートマップが多く、自分の家と小学校を道路で結ぶ地図が見られる。これに対して「店・医院」「公園・広場」など、それ以外の要素は、地図に描かれる割合が低い。

　この地域には、ニュータウン地区に見られるような大規模な街区公園は存在せず、学区内に小規模な公園が点在している。しかし、地図にこのような公園を描き入れる例はさほど多くはない。小学校第1学年の段階では、子ど

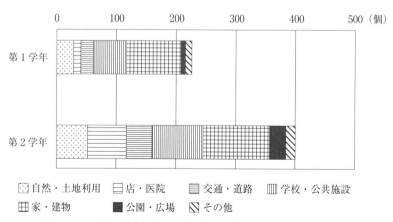

図3-4　手描き地図に描かれた要素の種類　小学校第1・2学年
（手描き地図調査により作成）

もの知覚環境が未発達であり、広い環境をとらえることが困難で、描図技能を充分に習得していないため、多くの要素を地図に描き入れることができない。したがって、自分の家と学校、道路を中心とする単純な地図を描く割合が高い。

　第2学年では、最も割合が高い分類は「家・建物」である。これは第1学年と変わらない。第1学年と同様に、「自分の家」や「学校」から地図を描き始める場合が多く、「自分の家」は、その子どもにとって意味のある場所として、手描き地図に描かれる。また、道路を描くときに、道路に沿った家、マンションなどの建物を描く傾向がある。加えて、第2学年では、「店・医院」の割合が高くなる。これは道路沿いにある商店や医院がランドマークとなり、手描き地図に描かれる。さらに、「公園・広場」は、割合は高くはないものの、描く子どもが増加している。学区域には子どもの重要な遊び場のひとつとして公園がある。子どもの遊び行動を見ると、「どうぶつ公園」や、「ABC公園」という通称地名が付けられた公園で遊ぶことがしばしば見られる[4]。それらは、子どもにとっては、親しみがあり、遊びという場所体験を通して意味づけられた環境となっている。

　全体として、地図に描かれる要素の種類は増加する。自分の家と学校を結ぶのみの単純な地図から、道路に沿って複数のランドマークや、子どもにとって意味のある場所を描く地図に変化し、それらにかかわりのある様々な要素が増える。

　子どもが地図に描いた主な個別の要素に注目すると、「小学校」、「家」、「自分の家」、「友だちの家」を描く割合が高い（表3－1）。地図を描くときに、自分の家と毎日通う学校が核になっていることが分かる。加えて「友だちの家」は、子どもにとって親しみのある場所である。子どもは、毎朝学校へ登校するときに「友だちの家」まで迎えに行ったり、放課後は「友だちの家」に遊びに行ったりする。「友だちの家」は、部屋の中でゲームをしたり、マンガや本を読んで遊んだりする場所であり、また、友だちとコミュニケー

表3−1　手描き地図に描かれた主な要素　小学校第1・2学年

第1学年			第2学年		
番	要素	人数	番	要素	人数
1	小学校	47	1	小学校	60
2	家	42	2	自分の家	47
3	自分の家	31	3	家	33
4	友だちの家	12	4	信号	19
5	用水路	8	5	友だちの家	18
6	信号	8	6	畑	18
7	畑	7	7	なし畑	11
8	保育園	5	8	公園	10
			9	ABC公園	9
			10	川・用水路	8
			11	矢野口駅	8
			12	駐車場	8

（手描き地図調査により作成）

ションをとる場所でもある。「用水路」「信号」「畑」については、学校への登下校のときに、目につく地物と言える。この地域では、江戸時代に開削された用水路である大丸用水が、網目状に流れ、現在でも農業用水として利用されている（図3−5）。小学校の近隣にも用水路が通り、そこは子どもにとっては、ザリガニを捕る場所として、非常に身近な存在である。また、この地域の土地利用は、住宅地と畑、水田などの農地が混在しており、子どもは地図に地域の中から、注目すべき地物を選択して描く。自分にとって身近で、意味のある地物を地図に描き込む傾向が見られる。しかし、この段階ではこれらの位置関係は必ずしも正しく表現されているとは言えない。

　第2学年では、学校と自分の家が描かれる傾向は変わらない。加えて「なし畑」「ABC公園」などの要素が描かれるようになる。ただ「畑」と記入す

図3−5　用水路と橋
(2015年2月撮影)

るだけでなく、畑に栽培される作物にも注目する[5]。果樹園で栽培されるなしは、押立地区の農業の特産品で、毎日の通学の際に「なし畑」を目にする。また、「ABC公園」は、公園にアルファベットのABCの形をした鉄棒があり、正式名称は「押立長関児童公園」であるが、子どもは通称「ABC公園」と呼ぶ（図3−6）。子どもは、親しみのある場所に通称地名を付ける場合がしばしば見られる。それらの地名は、その場所を使う子どもの間で共有され、時には、大人も子どもと共に通称地名を使用する。この他に表には示していないものの、少数見られる要素として、「駄菓子屋」がある。第2学年では4人の子どもが描いている。子どもが買い物をする駄菓子屋が、親しみのある場所して、地図に描かれていることが分かる[6]。駄菓子屋は菓子やおもちゃを買う場所として、また、子ども同士がコミュニケーションを取る場所として重要である。第2学年になると、地図に描かれる要素は増加する傾向にある。

　地図に表現される要素は、地域に存在する様々な事象の中から子どもにと

図 3 - 6　ABC 公園の鉄棒
(2015年2月撮影)

って重要な地物が選択される。例えば、保育園は、小学校第1学年の子どもには、親しみがある。卒園した子どもにとっては、3月まで通っていたなつかしい場所と言える。さらに、通学路の途中にある横断歩道や信号などを描き入れることが多く、これらは、通学の途中に目につき、交通安全上いつも注意しているものである。

　すなわち、小学校第1学年では、地域の中の多様な要素の中から自分にとって意味のあるものを選択して、地図に表現する。しかし、発達段階から考えて、それぞれの地物の位置関係は、正しく表現できない場合が多く、建物をばらばらに散在した状態で描く非ルートが、ある程度の割合で見られる。

　この時期は、子どもが漸くいくつかの地物と地物を道路で結びつけることができるようになる段階といえる。また、描図技能の制約もあり、数多くの多様な要素を描き込むことは難しい。したがって、自分の家と学校を1本の道路でつなぐようなルート1型の地図の割合が高くなる。

第2学年になると、自分の家と学校を結ぶ道路は分岐し、複数の道路を描くことができるようになる。道路という動線を延ばすことにより、知覚環境が広がる。また地図に描かれる要素は、種類が著しく増加し、より多様な要素に注目するようになる。それらの要素を道路に沿って位置づけることにより、環境を知覚することが分かる。

　小学校第1・2学年の段階は、全体としては、ルートマップの形成期と位置づけられる。道路という動線に沿って知覚環境が拡大する。

第5節　個別児童の手描き地図の特色

　本節では、同一の子どもの第1学年と第2学年における手描き地図を比較し、個別児童の手描き地図の変化について考察する。

第1項　非ルートからルート1型への変化　児童3－①の事例

　第1学年の地図は、紙面の左と右に自分の家と学校を描いている（図3－7）。中央に描かれている女子の人物は自分自身を示していると考えられる。家と学校という地物がそれぞれ個別に描かれ、道路で結び付けられていない。手描き地図の分類は、非ルートとなる。また、建物表現は、水平からの視点で描く立面的な表現である。

　第2学年で描いた地図は、ルート1型の地図となる（図3－8）。自分の家と学校が1本の道路で結びつけられ、道路にそって建物が詳しく描かれる。自分の家から学校へ行く道路を再現するように地図を描き、道路を通るときに見える地物を順番に描く。建物表現は、第1学年と同様に立面的である。道路に沿って、水平方向からの視点で見える建物が並べられる。「ともだちのいえ」、「はたけ」、「どうぶつびょういん」など目に付く地物や子どもにとって意味のある地物が描かれる。手描き地図の変化から、ルートが形成され、そのルートに沿って知覚環境が拡大する事実が読み取れる。

図3-7　手描き地図　小学校第1学年　非ルート　児童3-①

図3-8　手描き地図　小学校第2学年　ルート1型　児童3-①

第2項　ルート1型からルート2型への変化　児童3-②の事例

　児童3-②は、第1学年のときに、ルート1型の地図を描く（図3-9）。自分の家と考えられる建物から1本の道路が横方向へ延びている。道路に沿っていくつかの建物が描かれる。それ以外の地物はほとんど表現されず、学校も描かれていない。建物表現は、立面的である。

　同一の子どもが、第2学年で描いた地図は、ルート2型の地図となり、自分の家から学校へ向かって道路が延び、その道路は途中で枝分かれし、別の方向へも延長される（図3-10）。学校とは別の方向へ（上方へ）道路をたどると「ざるや」という商店の名前が描かれている。「ざるや」は、個人商店のコミュニティーストアで、道路にそった場所に位置する。この子どもにとっては、ときどき買い物をする場所として地図に表現される。建物表現は、立面的であり、道路の両側に向かい合うように家が描かれている。

　第1学年から第2学年にかけての段階は、ルートマップの形成期に当たり、通学路を中心に主な道路を動線として、知覚環境を広げる時期であることが分かる。しかし、建物表現にはほとんど変化はなく、水平の視点から垂直の視点へ転換は進んでいない。従って、広域な環境をとらえるサーベイマップを描く子どもは少ない。

図3-9　手描き地図　小学校第1学年　ルート1型　児童3-②

図3-10　手描き地図　小学校第2学年　ルート2型　児童3-②

第6節　第1学年から第2学年への手描き地図の変化

　第1学年から第2学年への知覚環境の発達の傾向を分析するために、手描き地図の形態分類の変化に注目した。手描き地図の6種類の形態分類「読み取り不可」「非ルート」「ルート1型」「ルート2型」「サーベイ1型」「サーベイ2型」に従って、横軸に第1学年の結果を、縦軸に第2学年の結果を示し、変化の割合を図示した（図3-11）。第1学年から第2学年への変化を見ると、同じ形態の地図を描いている子どもの割合が、約36％である。より上位の地図へ変化した子どもの割合が約55％となり、最も多い。また、約9％は、より下位の分類に変化した。

　第1学年のときにルート1型の地図を描いた子どものうち、第2学年でルート2型の地図に変化した子どもが約20％である。次いで第1学年のときに、非ルートの地図を描き、ルート1型の地図に変化した子どもが約18％で、ル

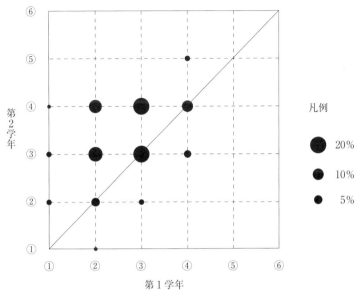

①読み取り不可 ②非ルート ③ルート1 ④ルート2 ⑤サーベイ1 ⑥サーベイ2
図3-11 手描き地図の形態分類の変化 小学校第1・2学年

ート2型に変化した子どもが、約11%見られる。

　第1学年では非ルートの地図を描き、ルートが形成されていない地図がかなりの割合で出現した。第2学年では、非ルートの地図の多くは、ルート1型およびルート2型の地図に変化した。また、第1学年で自分の家から学校までのルートを描いた子どもは、第2学年では道路を延長し、より広い範囲を地図に描こうとする傾向が読み取れる。さらに、少数の子どもは、サーベイ1型の地図を描くことができた。

　小学校第1・2学年では、ルートをたどって地図を描くことが可能となり、それを延長することによって、より広い環境を知覚するようになる。第1学年から第2学年への手描き地図の形態分類の変化を見れば、ルート1型からルート2型へ変化する割合が高く、これと並んで非ルートマップからルート

1型、ルート2型に変化する割合も同様に高い。

第7節　生活科学習と知覚環境の発達

　小学校第1・2学年では、生活科の学習が展開される。生活科では、子どもの身の回りの環境や地域を対象とした学習に取り組む。具体的には、指導計画において「まちたんけん」の単元が位置づけられる。学校の外に出かけていく活動は、子どもの場所体験の機会を増やすことにつながる。学区にある公園へ行き、季節を探す活動も場所体験を伴う。これらの体験を通して、地域にある道路や公園の位置関係が分かるようになる。しかし、生活科の指導計画には、地図の活用および地図技能の育成については、明確には示されていない。

　小学校学習指導要領（2008年公示）では、生活科の各学年の目標を以下のように示している（資料3-1）。ここには、地図の活用に関しての記述が無

資料3-1　小学校学習指導要領　生活
第1学年及び第2学年
1　目標
（1）　自分と身近な人々及び地域の様々な場所、公共物などとのかかわりに関心をもち、地域のよさに気付き、愛着をもつことができるようにするとともに、集団や社会の一員として自分の役割や行動の仕方について考え、安全で適切な行動ができるようにする。
（2）　自分と身近な動物や植物などの自然とのかかわりに関心をもち、自然のすばらしさに気付き、自然を大切にしたり、自分たちの遊びや生活を工夫したりすることができるようにする。
（3）　身近な人々、社会及び自然とのかかわりを深めることを通して、自分のよさや可能性に気付き、意欲と自信をもって生活することができるようにする。
（4）　身近な人々、社会及び自然に関する活動の楽しさを味わうとともに、それらを通して気付いたことや楽しかったことなどについて、言葉、絵、動作、劇化などの方法により表現し、考えることができるようにする。

（2008年公示　文部科学省資料による）

い。また、内容においては、「（３）自分たちの生活は地域で生活したり働いたりしている人々や様々な場所とかかわっていることが分かり、それらに親しみや愛着をもち、人々と適切に接することや安全に生活することができるようにする。」と示され、地域における人々や場所とのかかわりについて取り上げられている。しかし、ここでも地図の活用については、示されていない。従って、社会科では学習指導要領の各学年の目標に地図・地球儀の活用が示されているのとは異なり、カリキュラム上は地図の活用についての位置づけが明示されていない[7]。

　実際の授業場面では、学区域を中心に地域に出かけていく「まちたんけん」の授業が行われる。この授業では、地域を探検する活動を通して、ある程度子どもの場所体験を補完する役割を果たすと考えられる。

　小学校の生活科指導計画では、第２学年に「まちをたんけん大はっけん」という単元があり、この学習は第２学年に位置づけられ、１学期に学区域を探検する活動が行われる（図３－12）。ここでは、クラスで学区をいくつかのコースに分け、コースごとに町探検にでかける。また、２学期には、グループに分かれて、探検する活動が位置づけられる。グループごとに探検する場所を決め、探検で発見したことを発表する。このような活動は、実際に校外に出かけ、地域での場所体験が伴う点において、子どもの知覚環境を発達させる基礎となると考えられる。しかし、地図技能に関しては、カリキュラム上明確な位置づけがなされていないため、方位や地図の描き方を習得する点では、十分とは言えない。従って、生活科における地図学習のあり方については、検討の余地があると考えられる（寺本 2012）。

　この点に関して寺本（2012）は、生活科において地図を活用する具体的な指導方法を提示している。生活科の授業で細長い短冊形の画用紙に、子どもが自分の家から小学校までの地図を描く。この段階で子どもはルートマップを描くことになる。小学校を中心とした大判の学区域の地図に、その短冊地図を貼り付け、学区域全体の中における学校と自分の家の位置を確かめる。

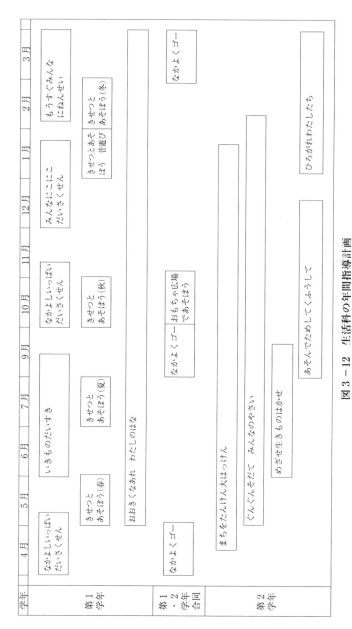

図3-12 生活科の年間指導計画
(2014年度稲城市立小学校の資料により作成)

この活動を通して自分の家から学校までのルートが学区域全体の中でどこに当たるか分かるようにする。つまり、子どもの描いたルートマップと学区域の地図というサーベイマップの関係を確かめる学習である。

さらに、子どもが真上から見た視点に気づくように、「道路から見た畑の写真」を道路に沿って示し、水平から見る視点を確かめる。そして、垂直から見た絵記号を、畑の場所に置くことによって地図上で位置を示す方法に気づくようにする。真横からの視点が、真上から見下ろす視点に変わることに注目させる。このような活動を生活科の授業に導入することによって、ルートマップからサーベイマップへの発達を支援することができる。子どもの知覚環境の発達を支援する立場から、生活科のカリキュラムを改善することが求められる。

第8節　地図に関する問題解決　第1・2学年

地図に描くという問題を解決するためには、第1に「計画：方針の決定」段階と第2に「実行：地図を描く」段階があると考えられる[8]。「計画：方針の決定」段階において、地図に何を描くか選択する。このとき、地図情報の獲得が前提となる。探検行動や場所体験は、地図情報を獲得するための活動である。次に、位置の知識が必要である。自分の家の位置を決定し、そこから道路を延長するように地図を描く場合に、ルートマップが形成される。一方で、自分の家と学校の位置を予め把握し、両者の位置関係をとらえた上で、地図に描くように方針を決定し、その後、「地図を描く」ことを実行すると、サーベイマップを描くことができるようになる。

小学校第1・2学年では、「計画：方針の決定」段階で、「自分の家をここに描くと学校はこの辺になる」ということに予め気づくことが難しい。子どもは、「家と道路をもっと小さく描くと、1枚の紙に広い範囲を描くことができるようになる」と方針を立てることが、困難な段階である。

第9節　第1・2学年における知覚環境の発達

　知覚環境の発達に関して、その発達を促進する要因と共に、その発達を抑制する要因があると考えられる。小学校第1・2学年の段階は、ルートマップの形成期であり、ルートを延長することによって、知覚環境を広げていく（図3-13）。子どもは、環境から情報を入力することによって、表象としての知覚環境を形成する。また、子どもから出力された情報が地図である。環境から子どもへの入力に関しては、通学行動、探検行動や場所体験を通して、環境に関する情報を獲得する。行動が活発になれば、子どもへ入力される情報は増加する。そして、それらの情報は、地図として出力される。

　小学校に入学すると、子どもは、友達と誘い合って外遊びを展開するようになる。知覚環境の発達を促進する要因としては、毎日の通学行動・遊び場を求める探検行動や遊びを通しての場所体験が挙げられる。また、地理教育に関しては、生活科学習における「まちたんけん」は、地域のおける場所体験を補完する役割を果たす。

　一方、この時期の子どもの建物表現は、主に立面的な表現である。本来地図を描くときに必要な垂直からの視点をまだ獲得していない。また、個別的、具体的な事象に注目する相貌的な知覚の傾向が強い。したがって、より広い環境をとらえ、その中に自分のいる場所を位置づけることには困難が伴う。また、小学校生活科の学習では、「まちたんけん」の学習において、地域へ出かけて行くものの、地図学習に関してはカリキュラム上に明確な位置づけが無い。地図技能は未習得の部分が多く、位置を示すための方位については学習していない。すなわち、地図技能の向上には限界があるといえる。これらの点は、知覚環境の発達を抑制する要因と考えられる。

　小学校第1・2学年の段階では、ルートマップの延長、地図に描かれる要素の増加など量的な変化が見られる。しかし、ルートマップからサーベイマ

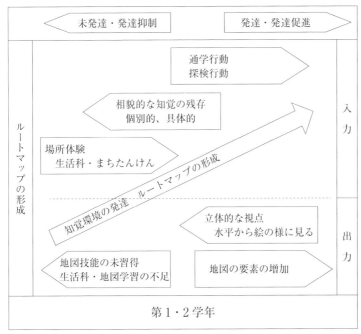

図3-13 第1・2学年における知覚環境の発達の模式図

ップへの発達という質的な変化は、未だほとんど認められない段階と言える。

第3章の注

1) 調査時間は、授業の計画の都合で1単位時間分を確保できなかったため、15分から20分の時間を使って、地図を描かせた。第1学年と第2学年の調査では、子どもへの発問、調査時間などの条件が同一になるようにした。
2) どうぶつ公園は、カバのすべり台があり、パンダ公園は、パンダの遊具があることから名付けられた通称地名である。
3) 動線は、人や物の運動の軌跡で、その方向を示すとされる。地図を描くときの基準となる（岩本1990）。

4）通称地名は、「子どもの記憶している地名の中で、子どもの間にだけ好んで使用される地名」である（岩本1981）。しかし、実際には子どもだけではなく、子どもの保護者をはじめ大人も使用することがある。

5）なしは、稲城市の農産物の特産品で、学区内になし畑が点在し、なし農家がある。生産されたなしは、「多摩川なし」または「稲城なし」の名称で道路沿いの直売所で販売される。

6）駄菓子屋は子どもにとって、コミュニケーション行動の拠点となっていると考えられる（岩本1981）。学区には、通称「あけぼ」と呼ばれる駄菓子屋が一軒あり、子どもがおやつの菓子を買いに行く姿が見られる。

酒川（2004）は、広島県瀬戸田町における駄菓子屋について調査し、1970年代から2000年にかけて駄菓子屋の総数が、61店から22店のおよそ3分の1に減少したと指摘している。

7）2017年に公示された学習指導要領においても、生活科の目標および内容において地図学習に関しては示されていない。ただし、解説に「身近な地域の様子を絵地図に表したり」という記述がある。

8）問題解決の過程は、一般的に「問題の発見」「問題を定義」「方略を探す」「計画を実行」「結果の検討」であるとされる（秋田2010）。

第4章　ルートマップからサーベイマップへの移行
　　　　第3・4学年

第1節　小学校第3・4学年の知覚環境

　はじめに子どもの手描き地図の分析を通して小学校第3学年から第4学年にかけての知覚環境の発達について明らかにする。小学校第3学年までがルートマップの形成期であり、小学校第4学年以降がルートマップからサーベイマップへの移行期と考えられる。小学校第3・4学年の時期は、ルートマップが形成され、サーベイマップへ移行し始める時期となる。また、第3学年から社会科の学習が開始される。子どもの知覚環境の発達を考察するためには、この時期における知覚環境の発達についてより詳細に明らかにすることが重要である。

　本章では、子どもの手描き地図の形態分類、描かれた要素、建物表現の形式を分析することを通して、小学校第3・4学年における知覚環境の発達の過程を明らかにする。また、アンケート調査の結果をもとに子どもの遊び行動について考察する。

　子どもの変化を詳細に分析するために、手描き地図調査は各学期に1回ずつ第3学年の4月、11月、3月、第4学年の6月、11月、2月に実施した[1]。調査対象は、第3学年の子ども25人、および第4学年に進級した子ども24人である。

　研究対象地域は、東京都稲城市大丸地区を取り上げる（図4－1）。稲城市は東京都の西郊に位置し、南は神奈川県川崎市と接する。大丸地区は、北側を多摩川が東流し、地形的には多摩川右岸の沖積地上に位置し、平坦な地域

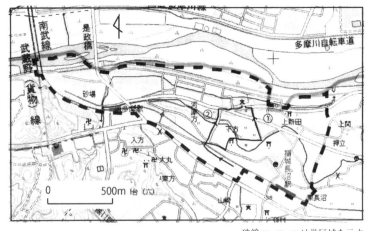

図 4 - 1　研究対象地域　大丸地区
(地理院地図をもとに作成)

破線 ■ ■ ■ は学区域を示す

である。土地利用は住宅地と田や畑、果樹園などの農地が混在する。押立地区の西隣に位置し、共通した地形と土地利用が見られる。この地域を事例として都市近郊地域における子どもの知覚環境の発達の実態を明らかにする。

第2節　第3・4学年における手描き地図の形態分類

子どもの手描き地図を非ルート、ルート1型、ルート2型、サーベイ1型、サーベイ2型の5種類に分類し、分析する[2]。なお、読み取り不可に分類される地図は見られなかった（図4 - 2）。

第3学年のはじめの4月には、ルート1型が約10%で、ルート2型が約80%であり、全体の約90%をルートマップが占める。また、サーベイ1型が約10%見られる。その後11月には、ルートマップの割合が、約70%に減少し、さらに3月にはルートマップの割合は約60%となり、サーベイマップが増加する。第3学年のはじめではルートマップの割合が高い。その後は、ルート

第4章 ルートマップからサーベイマップへの移行 第3・4学年　85

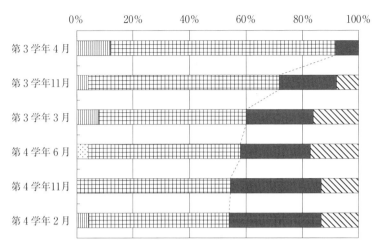

図4-2　手描き地図の形態分類　小学校第3・4学年
（手描き地図調査により作成）

マップが減少し、サーベイマップが増加する傾向が読み取れる。

　第4学年では、ルートマップがさらに減少し、サーベイマップが、徐々に増加する。6月では、約40％がサーベイマップである。また、広い範囲を描いたサーベイ2型が約10％見られる。第4学年の最後の2月までに、1型2型を合わせたサーベイマップの割合が次第に増加する。

　このように、第3学年のはじめの段階で、既にルートマップが形成されていることが分かる。その後第3学年の後半から、第4学年にかけて、ルートマップからサーベイマップへ移行する。第3学年で発達が著しく、第4学年では徐々に移行することが明らかになった。

第3節　第3・4学年における手描き地図に描かれた要素

　子どもの手描き地図には「自分の家」「公園」「学校」など様々な要素が表現される。子どもが手描き地図に描き入れた要素は、第3学年と第4学年を通して大幅な増加は見られない。第4学年の後半にわずかに増加する程度である（図4－3）。第3・4学年の段階では、第1・2学年のような急激な要素の増加は認められない。

　子どもの手描き地図に描かれた要素を分類すると、第3学年4月では、「学校・公共施設」の割合が高い。これは、地図に学校の施設を詳しく記述する傾向があることによる。子どもが学校を描くときに、校舎、校庭、体育館などを描き入れ、個別の要素に注目する傾向が見られる。第4学年になると、個別の要素を描くよりも、学校の位置を示す表現が増える。また、第4学年では「店・医院」の割合が増加する。ランドマークとなる店を手がかりに、地図を描く傾向が読み取れる。

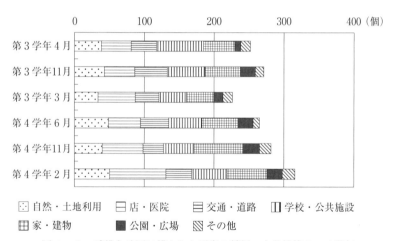

図4－3　手描き地図に描かれた要素の種類　小学校第3・4学年
（手描き地図調査により作成）

地図に描かれた個別の要素に関しては、第3学年の4月では、要素の種類が少なく、「小学校」と「自分の家」を中心にして地図を描く傾向が見られる（表4-1）。第3学年の11月になると、要素の数が増加し、薬局の「クリエイト」、コンビニの「スリーエフ」などの店が描かれるようになる。薬局の「クリエイト」は、通学路となっている「いちょう並木通り」の信号の近くにあり、看板が目立つため、ランドマークの役割を果たしている（図4-4）。

第4学年では、要素の種類が増加するとともに、「緑地公園」や「市民プール」の頻度が高くなる。「緑地公園」は多摩川の沿岸にある公園で、広場やすべり台、アスレチックなどの遊具があり、子どもの遊び場になっている。「市民プール」は、夏季には水泳のために屋外プールに通う子どもが多い。プールが公開されていない季節でも、市民プール前の広場が、遊び場となる。これらは、「ボール遊び」や「おにごっこやかくれんぼ」などの遊びを通して子どもにとって意味のある場所として地図に表現される。加えて、第4学

図4-4　薬局クリエイト　ランドマークとなる
（2015年2月撮影）

表4－1　手描き地図に描かれた主な要素　小学校第3・4学年

番	第3学年4月		第3学年11月		第3学年3月		第4学年6月		第4学年11月		第4学年2月	
1	小学校	21	小学校	23	小学校	24	小学校	21	小学校	22	小学校	20
2	自分の家	14	クリエイト	14	クリエイト	13	自分の家	18	自分の家	18	自分の家	15
3	家	14	多摩川	13	スリーエフ	10	多摩川	14	友だちの家	15	多摩川	14
4	駐車場	8	スリーエフ	11	多摩川	9	緑地公園	12	クリエイト	13	クリエイト	14
5	多摩川	7	横断歩道	10	畑	9	クリエイト	12	緑地公園	12	緑地公園	13
6	市民プール	7	自分の家	10	自分の家	9	自分の家	10	スリーエフ	11	畑	11
7	時計	7	緑地公園	10	公園	9	踏切	9	稲城マンション	10	友だちの家	11
8	クリエイト	6	友だちの家	10	駐車場	6	ハイコーポ	8	多摩川	9	駐車場	10
9	田んぼ	5	駐車場	9	鉄道	6	スリーエフ	8	市民プール	9	市民プール	10
10	校舎	5	稲城マンション	7	友だちの家	7	市民プール	6	田んぼ	8	スリーエフ	9
11	公園	5	公園	6	光マンション	6	稲城マンション	6	ハイコーポ	7	稲城マンション	9
12			大丸用水	6			大丸用水	6	畑	7	光マンション	7
13			田んぼ	6			土手	6	踏切	7	店	6
14			時計	6			田んぼ	5	光マンション	6	稲城長沼駅	6
15			校舎	6			店	5	駐車場	6	ハイコーポ	6
16			市民プール	6			鉄道	5	横断歩道	5	田んぼ	5
17			家	6			横断歩道	5	稲城歩道	5	踏切	5
18			マンション	5			友だちの家	5	文化センター	5	公園	5
19							光マンション	5	府中市	5	府中市	5
20												

（手描き地図調査により作成）

年では、「府中市」という近隣の市の名称が描かれるようになる特色が指摘できる。これは、第3学年における社会科学習において、通学する小学校がある市の広がり、および近隣の市との位置関係について学習したことが影響したと考えられる。

　第3・4学年で共通して描かれる要素が見られ、「小学校」と「自分の家」は常に描かれる割合が高い。子どもが地図を描くときには、小学校と自分の家のどちらかから地図を描き始める場合が多く、これらが知覚環境を形成する核となると考えられる。このほかに、「多摩川」が描かれる頻度が高い。学区の北は多摩川に接し、身近な川として地図を描く際の基準の一つになる。

第4節　第3・4学年における建物表現の形式

　子どもが建物を地図に描く表現形式は、水平からの視点で描く立面的な表現と、垂直からの視点で描く位置的な表現に分類できる（大西1999）。これに従って手描き地図を分類し、考察する（図4－5）。第3学年の4月は、過半数が立面的な表現である。道路を歩くときに水平からの視点で景色を見るように、しかも絵を描くように表現する地図が多いことが分かる。11月になると立面的な表現が減少し、残りの50％以上が位置的な表現となる。地図を描くときに視点の転換がなされ、上空から垂直に見るように建物を描くことができるようになる。その後第4学年においても、この割合に大きな変化はない。第4学年の2月においては、過半数が位置的な表現である。

　このように第3学年の4月では、立面的な表現が多数を占める。その後、11月の段階で既に立面的な表現から位置的な表現への移行が進み、地図を描くときの視点が、水平から垂直へ転換されている。しかし、一部には、水平からの視点で描く子どもも残っていることが指摘できる。

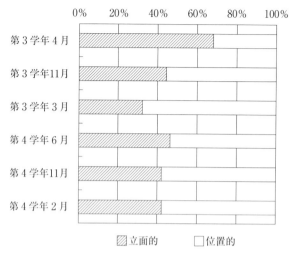

図 4 − 5　建物表現の形式　小学校第 3・4 学年
(手描き地図調査により作成)

第 5 節　第 3・4 学年の知覚環境の特色

　子どもの手描き地図の分析から、第 3 学年の 4 月において既にルートマップが形成され、主な道路をたどって地図を描くことができる事実が読み取れる。その後第 3 学年の後半以降、ルートマップからサーベイマップへ移行してゆく。

　手描き地図の形態分類から明らかなように、第 3 学年の 4 月から11月にかけて発達が著しい。この時期は、季節的に子どもの野外での活動が活発になり、また夏季は日没の時刻が遅いことから、野外での遊び時間が比較的長く確保できることが影響している。第 4 学年では、ルートマップからサーベイマップへ漸次移行する。また、建物表現を見ると、第 3 学年のはじめでは、立面的な表現の割合が高い。第 3 学年の後半には、位置的な表現に移行し、第 4 学年ではその傾向が維持される。第 3 学年において視点が転換され始め、

サーベイマップを描く前提が用意されることが明らかになった。第3学年のはじめにルートマップがほぼ形成され、その後サーベイマップへの移行が開始される。

第6節　第3・4学年の社会科における地理学習との関連

第1項　生活科および社会科における身近な地域の学習の位置づけ

　生活科および社会科において、学区域を中心とする地域を教材とした学習が位置づけられている。第1・2学年における生活科では、身近な地域から学習の素材が選択される。その中でも、「まちたんけん」の単元は、実際に子どもが学区を探検する活動が行われる。

　また、第3・4学年の社会科は、地域素材を取り入れた学習が中心となる（表4-2）。第3学年では、はじめに「学校のまわりのようす」という単元

表4-2　第3・4学年における社会科の主な単元

学年	学期	主な単元
3年	1学期	学校のまわりのようす 市のようす
	2学期	わたしたちのくらしと店・商店がい 農家のしごと
	3学期	火事をふせぐ 交通事故をふせぐ
4年	1学期	わたしたちのくらしと上水道 わたしたちのくらしとごみ
	2学期	人々のくらしのうつりかわり 郷土のはってんにつくす
	3学期	わたしたちの東京

（社会科副読本『わたしたちの稲城』2009年等により作成）

があり、それに続いて「市のようす」の単元が位置づけられる。この後「わたしたちのくらしと店・商店がい」、「農家のしごと」、「火事をふせぐ」、「交通事故をふせぐ」などの単元が展開される。これらの学習の素材となるスーパーマーケット、農家、消防署などの事象は、地域の中から取り上げられる。

社会科の年間指導計画によれば、学習の対象として取り上げる地域は、小学校の学区を中心とする身近な地域から始まり、市区町村を単位とした学習に広がり、第4学年では、都道府県の学習が位置づけられる。小学校第3・4学年における社会科学習では、地域を対象とした学習が展開され、その中で学区域を中心とする身近な地域に関する学習は、第3学年のはじめに位置づけられる[3]。

第2項 身近な地域の学習の展開と知覚環境への影響

第3学年において、子どもの知覚環境が発達する要因として、社会科における「身近な地域の学習」とのかかわりが指摘できる（吉田 2012）。

第3学年では、はじめに身近な地域について学習し、年間指導計画には「学校のまわりのようす」という単元が位置づけられる。この単元は、学区域を中心とした身近な地域の様子をとらえる学習であり、全体で約10時間を使う。屋上からの観察や学区域の地図の活用を通して、学校の周りの主な建物や公共施設の位置、地域の土地利用などを確かめる。この学習において、身近な地域における調査活動、および身近な地域の地図を読んだり、地図を作ったりする活動が展開される。身近な地域の調査活動は、子どもの場所体験を伴う。

「学校のまわりようす」の単元では、学区探検の事前の授業で探検の計画を立てるとき、学区の地図を読むことが求められる。探検の中では、地図を見ながら活動する。事後に探検のまとめをする際に地域の地図を活用し、探検で調べたことを表現する。子どもは野外で学区を探検することを通して、学区を中心とする身近な環境の広がりをとらえ、読図、作図の技能を獲得す

ることができる。地理学習の授業における探検や地図の活用を通して、知覚環境が発達すると考えられる。

社会科における身近な地域に関する学習は、子どもの場所体験の機会を提供している点において、また地図技能の向上の観点からも、知覚環境の発達を促進させる作用がある。

第3・4学年の社会科のカリキュラムでは第3学年の2学期以降も身近な地域の教材が取り上げられる。第4学年以降では、身近な地域の調査活動を直接取り上げる単元はないものの、ごみステーションやリサイクルセンターなど、地域の学習素材が学習の対象となる。

第7節　第3・4学年における子どもの遊び行動

第3学年から第4学年への知覚環境の発達を促す要因として、子どもの野外での探検行動と遊びを中心とした場所体験が挙げられる。これらを通して、遊び場まで至る道順や建物の空間的な位置関係が分かるようになる。一般に野外での遊びが成立するためには、遊び空間、遊び時間、遊び仲間の3要素が必要である。アンケート調査を基に知覚環境の発達を促す遊び行動の実態について把握する[4]。

第1項　遊び空間

第3学年では、遊び場として、最も割合が高いのは、「家の中」の48.0%である（表4－3）。子どもは室内での遊びを好む傾向があることが分かる。次に、「公園」40.0%、「校庭」32.0%が続く。野外では、公園や校庭などのオープンスペースが遊び場となり、それらの場所で外遊びが展開されている。第4学年になると、最も割合が高いのが、「公園」70.8%となり、次いで「家の中」58.3%、「空き地」20.8%、「校庭」20.8%が続く。特に「公園」は、第3学年から第4学年にかけて割合が著しく増加する。

表4-3　小学生の遊び場　第3・4学年

(%)

学年	家の中	道路	公園	体育館	空き地	森や林	校庭	店やコンビニの近く	その他
3年	48.0	12.0	40.0	0.0	4.0	0.0	32.0	12.0	32.0
4年	58.3	8.3	70.8	0.0	20.8	4.2	20.8	4.2	29.2
合計	53.1	10.2	55.1	0.0	12.2	2.0	26.5	8.2	30.6

（アンケート調査により作成）

表4-4　平日と休日における活動　第3・4学年

(%)

	学年	テレビゲームをする	自転車乗り	本やマンガを読む	ボール遊び	おにごっこやかくれんぼ	おしゃべりをする	秘密基地をつくる	カードゲーム	買い物に行く	その他
平日	3年	48.0	8.0	36.0	28.0	16.0	8.0	0.0	24.0	12.0	20.0
	4年	45.8	33.3	29.2	29.2	41.7	16.7	0.0	20.8	12.5	16.7
	合計	46.9	20.4	32.7	28.6	28.6	12.2	0.0	22.4	12.2	18.4
休日	3年	52.0	16.0	32.0	28.0	0.0	8.0	0.0	16.0	28.0	36.0
	4年	45.8	20.8	37.5	25.0	4.2	12.5	0.0	8.3	41.7	25.0
	合計	49.0	18.4	34.7	26.5	2.0	10.2	0.0	12.2	34.7	30.6

（アンケート調査により作成）

　平日の放課後と休日に区分して、子どもの活動を調査した（表4-4）。平日の放課後の過ごし方は、第3学年では、「テレビゲームをする」48.0％が最も多く、続いて「本やマンガを読む」36.0％、「ボール遊び」28.0％、「カードゲーム」24.0％、「おにごっこやかくれんぼ」16.0％の順となる。ここでも室内で遊ぶ傾向が読み取れる一方で、「ボール遊び」や「おにごっこやかくれんぼ」が野外で人気のある遊びだと言える。

　第4学年では、「テレビゲームをする」45.8％、「おにごっこやかくれんぼ」41.7％、「自転車乗り」33.3％の順となる。第4学年になると「本やマ

ンガを読む」割合が減少し、「おにごっこやかくれんぼ」が、16.0%から41.7%へ、「自転車乗り」が8.0%から33.3%へ、それぞれ割合が大きく増加する。第3学年に比べ、野外での遊びが活発になっていることが分かる。しかし、「秘密基地をつくる」という回答は無く、あくまでオープンスペースや道路などでの遊びが中心である。

休日は、第3学年では「テレビゲームをする」52.0%、に続き「本やマンガを読む」32.0%、「ボール遊び」28.0%、「買い物に行く」28.0%の順となる。家の中で、ゲームをしたり、本やマンガを読んだりして過ごすか、または家族と買い物に出かけることが多い。

第4学年では「テレビゲームをする」45.8%、「買い物に行く」41.7%、「本やマンガを読む」37.5%の順となり、第4学年になると「買い物に行く」41.7%という回答が増加している。休日は、全体として友達と外で遊ぶよりは、家族と家の中で過ごすか買い物に出かけることが多く、友達同士で遊ぶ機会が平日に比べてかえって少ない。

このように子どもは、室内遊びの傾向も見られるものの、平日の放課後を中心に、学校の校庭や公園などにおいて野外での遊びを展開している事実が明らかになった。

第2項　遊び時間

遊びが成立するためには、自由に使える遊び時間が必要である。ここでは習い事の実態を調査することを通して、子どもが自由に使える遊び時間の程度について検討する（表4－5）。

第3学年では、「スポーツ」40.0%の習い事に行く割合が最も高い。次に「勉強」28.0%、「音楽」24.0%の順である。サッカーや水泳などスポーツが習い事の中心である[5]。第4学年になると、「勉強」50.0%の習い事の割合が高くなり、「スポーツ」41.7%、「音楽」25.0%の順となる。補習塾や進学塾などの学習塾に行く割合が高くなり、音楽やスポーツの習い事の割合もそ

表4-5　小学生の習い事　第3・4学年

(%)

学年	勉強	そろばん	音楽	スポーツ	その他
3年	28.0	0.0	24.0	40.0	20.0
4年	50.0	0.0	25.0	41.7	8.3
合計	38.8	0.0	24.5	40.8	14.3

(アンケート調査により作成)

表4-6　1週間当たりの習い事の回数　第3・4学年

(%)

学年	1回	2回	3回	4回以上
3年	20.0	24.0	8.0	16.0
4年	4.0	32.0	12.0	16.0
合計	12.2	28.6	10.2	16.3

(アンケート調査により作成)

れぞれ増加する。第4学年になると、全体的に習い事に通う割合が増える。

　また、1週間当たりの習い事の回数は、第3学年では、週に「2回」24.0％の割合が最も多く、次に週「1回」20.0％、「4回以上」16.0％の順となる（表4-6）。第3学年では、週に1～2回の習い事が一般的であるといえる。

　第4学年では、最も多いのは「2回」32.0％で、次いで「4回以上」16.0％、「3回」12.0％となる。週「1回」は4.0％と減少し、週「2回」と「3回」の割合が増加している。1週間当たりの習い事の回数は増加する傾向にある。すなわち、第4学年では友達同士で遊びに自由に使える時間は減少する。

第3項　遊び仲間

　子どもが野外で遊ぶためには、いっしょに遊ぶ仲間が欠かせない。遊び仲間の人数は、第3学年では、「2～3人」が44.0％で最も多く、次いで「4

表4-7　遊び仲間の人数　第3・4学年

(%)

学年	1人	2〜3人	4〜5人	6〜9人	10人以上
3年	16.0	44.0	28.0	8.0	0.0
4年	4.2	41.7	45.8	4.2	4.2
合計	10.2	42.9	36.7	6.1	2.0

(アンケート調査により作成)

〜5人」28.0％、「1人」16.0％となる（表4-7）。「10人以上」という大人数の回答は無い。

　第4学年になると「4〜5人」45.8％が最も多く、次に「2〜3人」41.7％となる。また、「10人以上」4.2％という回答も見られる。第4学年では遊び仲間の人数は増え、子どもの遊び集団の規模が大きくなっていることが読み取れる。

　第3学年から第4学年にかけて、「かくれんぼやおにごっこ」「自転車乗り」「ボール遊び」など外遊びの傾向が強まる。遊び場として主に「公園」、「空き地」、小学校の「校庭」が活用される。また、遊び仲間の人数は増える傾向にある。2〜3人、または4〜5人程度が一般的だが、10人以上で遊ぶ場合も見られるようになる。第3学年から第4学年にかけての時期は、遊びを中心とした野外での活動がより活発になることが明らかになった。一方で、習い事も増加傾向にあり、週に2回以上習い事に行く子どもが増え、自由に使える時間は限られる。また、休日は家族と過ごしたり、買い物や習い事に出かけたりするため、友だち同士で遊ぶ機会が少ない。子どもは平日の放課後、下校から日没までの限られた時間を利用し、野外での遊びを展開している。時間的な制約はあるものの、第3学年の段階から遊びを通して場所体験をする機会はある程度確保され、第4学年になると野外での遊びがより活発になると言える。

第8節　個別児童の手描き地図の特色

個別の子どもの事例を通して、知覚環境の発達について考察する。児童4－①はルートマップからサーベイマップへ発達した事例であり、児童4－②は、第4学年の段階でもルートマップを描いた事例である。

第1項　ルートマップからサーベイマップへの発達　児童4－①の事例

児童4－①は、第3学年の4月にルート1型の地図を描き、11月には、サーベイ1型の地図を描く。その後3月には、サーベイ2型の地図を描き、以降第4学年ではサーベイ2型の地図を描く。第3学年の段階で、サーベイマップへ移行し、その後サーベイマップが維持される。

児童4－①は、第3学年4月に手描き地図では、ルート2型の地図を描く（図4－6）。地図の上に、自分の家や「ほいくえん」があり、そこから、地

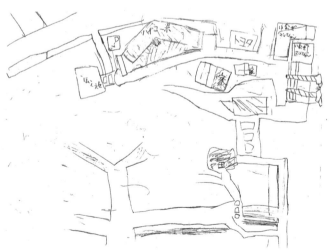

図4－6　手描き地図　小学校第3学年4月児童4－①

図の下の方へ向けて道路が延び、道路は分岐している。地図の下方が小学校の方向である。しかし、小学校までは示されていない。道路を中心に描き、それに沿ってランドマークとなる建物を配置している。表現形式は、位置的な表現である。

次は、同じ児童4－①が第3学年3月に描いた地図である（図4－7）。これはサーベイ2型の地図に大きく変化している。地図の上方に「川さきかいどう」が、下方に多摩川と学校が描かれ、広域の環境をとらえて描いている。主な道路、鉄道、多摩川を拠り所に学区の広がりをとらえ、その中に自分の家と学校を位置付けている。この地図は、上方が南、下方が北で、一般の地図とは方位が逆である。自分の家を上方に描き、そこから学校へ向かって描いているため、自分の家の位置、すなわち南が地図の上方に描かれる。建物の表現は、位置的な表現である。

児童4－①の遊び行動としては、第3学年のときは、放課後の遊びとして

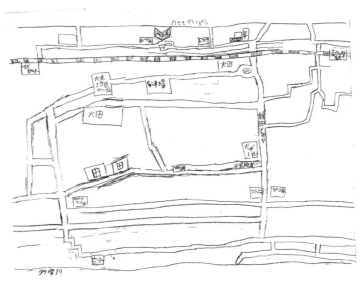

図4－7　手描き地図　小学校第3学年3月児童4－①

「本やマンガを読む」とのみ回答している。第4学年では、「本やマンガを読む」「ボール遊び」「おにごっこやかくれんぼ」と回答し、友だちと野外で遊ぶ傾向が見られる。

第4学年の段階で、児童4－①に、地図を描くときに、どのように描いたか質問した（資料4－1）[6]。

資料4－1　児童4－①の説明
「地図を描くときに、学校に来るのに通る、いつもの地区会館の近くを通る通学路のコースと、お母さんの用事でお母さんと一緒に学校に来るときに、クリエイトの所を通るコースの、両方を描くようにしました。そして、学校、自分の家、地区会館の場所が分かるようにしました。家から稲城マンションとトヨペットの間の道を通ると川崎街道に出られます。川崎街道を目じるしにしました。それから学校に行くときに踏切を通るから踏切と南武線を目じるしにしました。」

児童4－①は、自分の家から、学校に至る異なる2つのルートを両方とも整合的に地図に描こうとしたことをきっかけにして、面的な広がりのある地図を描いたと説明している。学校に通うという空間的な行動をもとに、家の近くを通る川崎街道と学校に行く途中に横切る鉄道を基準として、家と学校の位置関係をとらえた（図4－8）。学校に通うための複数のルートを地図上に位置付けることを契機として、サーベイマップを描くことができたと考えられる。

第2項　ルートマップの延長　児童4－②の事例

児童4－②は、第3学年の4月にルート2型の地図を描き、その後第3学年から第4学年を通してルート2型の地図を描く。形態分類の上からは変化が見られない。

児童4－②は、第3学年の4月に、ルートマップ2型の地図を描いている（図4－9）。描き方としては、地図の上方に多摩川を配置し、小学校を詳し

図4−8　学区域にある踏切
(2013年11月撮影)

く描いている。小学校には、校舎が描かれ「1かい、2かい、3かい」と描き入れられ、その隣には、校庭と遊具が描かれる。そこから道路を自分の家に向けて延ばしている。表現は立面的な表現である。

　第3学年3月では、地図の中央部に「いちょう並木通り」が描かれ、左の方に学校を描き、そこから右の方に道路が延び、自分の家を描く(図4−10)。学校は、校舎の建物の形が描かれ、「文」という学校の地図記号が記入してある。

　東西に延びる道路を動線として、それに沿って道路を延ばすように地図を描く。道路を基準として学校、自分の家の位置関係はとらえている。しかし、学区全体の空間的な広がりをとらえるまでに至っていない。建物の表現は、立面的な表現である。

　遊び行動は、第3学年では「おにごっこやかくれんぼ」と回答し、第4学年では、「おにごっこやかくれんぼ」「自転車乗り」「おしゃべり」と回答している。野外で友だちと外遊びをしていることが分かる。

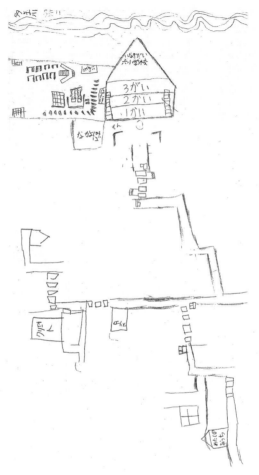

図4-9　手描き地図　小学校第3学年4月児童4-②

　児童4-①の場合は、地図を描く前提として学校への通学や野外での遊び行動により地物の位置や道順に関する情報を獲得した。地図に表現するときに、複数の経路を描こうとすることを契機として、基準になる道路や鉄道と自分の家や小学校との位置関係をとらえることができるようになり、サーベ

図4-10 手描き地図 小学校第3学年3月児童4-②

イマップを描くことが可能になった。

　児童4-②の場合は、通学や遊びを中心とする空間行動は、ある程度行われ、地図を描く前提となる情報を獲得することはできた。しかし、動線に沿って道路を延ばすことによって環境をとらえ、ルートが延長される方向で地図を拡大した。立面的な表現から位置的な表現への視点の転換はなされない。また、広い環境を描く契機が得られなかったため、サーベイマップへの移行は見られない。

第9節　第3学年から第4学年への手描き地図の変化

　子どもの手描き地図の分析を通して、第3学年のはじめまでに、ルートマップが成立し、ほぼルート2型の地図を描くことができるようになることが明らかになった[7]。その後、サーベイマップを描く割合が著しく増加する。第4学年では引き続き、サーベイマップの割合が次第に増加する。地図表現における視点への転換に関しては、第3学年のはじめでは、立面的な表現で描いた地図か多く、それ以降は、位置的な表現が増加する。

　知覚環境が発達する前提として、地域における探検行動と場所体験が重要である。第3学年のはじめに位置づけられる社会科の「身近な地域の学習」において、授業の中に学区探検が意図的、計画的に位置づけられる。この学

習における探検や地図の活用が、知覚環境を発達させる契機となると考えられる。

　子どもの遊び行動に関しては、小学校第3学年から第4学年にかけて、習い事の割合が増加し、子どもにとって時間的な制約が多くなる事実が指摘できる。しかし、一方で野外での遊びが活発になり、遊び仲間の人数が増加し、遊びを通した場所体験の機会が増えることが明らかになった。

　個別の子どもの事例を考察すると主な道路の位置関係をとらえ、より広い環境を表現する必要性が与えられると、それを契機にルートマップからサーベイマップへの移行がなされる。全体としては、小学校第3学年までがルートマップの形成期であり、第4学年以降がルートマップからサーベイマップへの移行期と考えられる。しかし、詳細に見ると第3学年のはじめにルートマップがほぼ形成され、その後サーベイマップへの移行が進む。第3学年は、ルートマップが形成され、サーベイマップへ漸移し始める時期と考えられる。

　第3学年の4月と第4学年の6月の手描き地図調査の結果を基に、手描き地図の形態の変化について検討する（図4−11）。手描き地図の形態分類は、第3学年のときにルート2型を描き、同様に第4学年でもルート2型を描いた子どもの割合が多く、約42％がこの分類に属する。ルート2型からサーベイ1型に移行した割合は、25％であり、サーベイ2型に移行した割合が、約13％である。ルートマップからサーベイマップへ移行した子どもの割合は合計約38％にのぼる。さらにルート1型からルート2型に変化した割合は約13％である。

　第3学年から第4学年にかけての変化は、ルートマップからサーベイマップへ移行する割合が高いことが明らかになった。第3学年から第4学年は、第1・2学年とは大きく異なり、ルートマップが形成され、その後サーベイマップへ移行する質的な変化の段階である。

第4章　ルートマップからサーベイマップへの移行　第3・4学年　105

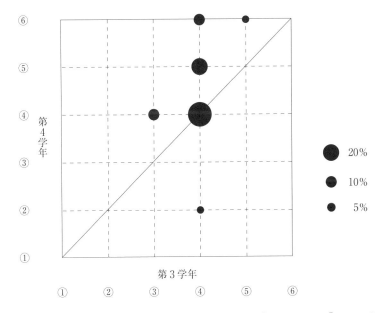

①読み取り不可　②非ルート　③ルート1　④ルート2　⑤サーベイ1　⑥サーベイ2
図4-11　手描き地図の形態分類の変化　小学校第3・4学年

第10節　地図に関する問題解決　第3・4学年

「計画：方針の決定」段階において、個別児童4-①の例が示すように、「自分の家」から学校までの2種類の経路を地図に表現しようと方針を立てたことが、「実行：地図を描く」段階で、サーベイマップを描くことに結びついた。方針を決定するときに、自分なりに地図を描く目標を設定することによって、問題解決を図ることができる。2つの経路を1枚の地図に表現するには、広い環境をとらえなければならない。地図に幹線道路や鉄道を基準として、広い環境を描けば、その中に自分の家と学校を位置づけられる。これらの方針の決定が、サーベイマップを描くことに結びつく。このような機

会が与えられることを契機として、サーベイマップを描くことが可能になると考えられる。

第11節　第3・4学年における知覚環境の発達

　第3・4学年の時期は、ルートマップの形成期からルートマップからサーベイマップの移行期に移り変わる（図4－12）。

　環境から子どもへの入力に関しては、相貌的な知覚の傾向が減少し、知覚の方法自体が変化する。子どもからの出力に関しては、地図技能が向上し、要素を精選して描くことができるようになる。

　この時期は、子どもの心身の発達に伴い、相貌的な知覚の傾向が急速に消失し、個別的、具体的な知覚から、より全体的、抽象的な知覚へ変化する。あわせて、建物表現が立面的な表現から、位置的な表現に変化し、上空からの視点を獲得するようになる。

　知覚の方法そのものが発達し、個別の事象に注目していたものが、より広く全体に目を向けるようになることを示す。同時に、野外での遊び行動が活発になり、遊び友達の人数も増加する。今までにも増して、遊びを通した場所体験が盛んになる。

　子どもからの出力に関しては、地図に描かれる要素は、大幅な増加はなくなり、情報を精選して描くようになる。同時に、学校教育において社会科の身近な地域の学習が位置づけられ、地図学習が開始される。社会科の身近な地域の学習では、学区探検によって地域に出かけて行き、地図によって様々な地物の位置を確認する活動が行われる。また、地図学習を通して、地図技能が向上する。これらの諸要因は、子どもの知覚環境の発達を促進させると考えられる。子どもは、今までより広域の環境に関する情報を手に入れ、それらの位置関係をとらえ、地図上に位置づける。

　しかし、同時に、音楽やスポーツなどの習いごとが増加し始め、補習塾、

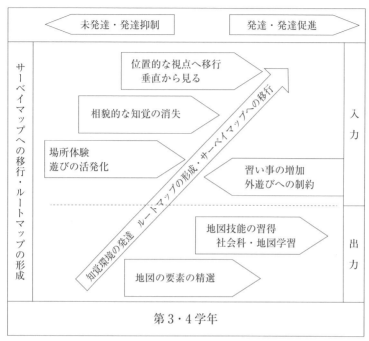

図 4-12　第 3・4 学年における知覚環境の発達の模式図

進学塾などの学習塾へ通う機会が増加する。これは、子どもの野外での遊び行動を制約し、知覚環境の発達を抑制する要因となる。

　第 3・4 学年の時期は、ルートマップの形成期から、ルートマップからサーベイマップへの移行期に移り変わる転換期として位置づけられる。子どもの知覚環境に量的な変化のみならず、質的な変化が始まる。

第 4 章の注

1) 手描き地図調査では、前章の調査と同様に B4 判大の白紙を配り、「あなたの住んでいるまわりの様子について地図に描いて下さい。」と指示し、30 分～40 分の時間を使って地図を描いてもらった。2 枚以上の用紙を必要とする子どもには、随時追

加を渡した。第3学年と次年度進級した第4学年の同一学級の子どもを調査対象とした。調査時期と人数は以下の通りである。

 第3学年 2008年4月10日25名
      11月11日25名
      2009年3月2日25名
 第4学年   6月5日24名
      11月18日24名
      2010年2月10日24名

2）ルートマップとサーベイマップの区分について、髙井（2004）は、道路形状を閉路型と非閉路型に分類し、閉路型の領域が2箇所以上ある地図をサーベイマップとした。これまでの分類と同様に本章の調査でも基本的にこの分類に従う。

3）2017年に公示された学習指導要領においても、小学校第3学年の内容（1）に「身近な地域や市区町村の様子」についての学習が位置付けられる。

4）遊び行動に関するアンケート調査は、第3学年の2008年12月10日と第4学年の2009年11月18日に実施した。

5）地域に小学生のサッカーチームや野球チームが組織されており、学校の校庭で練習をしている。

6）地図の描き方に関する子どもへの聞き取り調査は、第4学年の2010年3月3日に実施した。

7）寺本（2012）は、小学校第1・2学年でルートマップが形成されていると指摘し、小学校第1・2学年の生活科における地図学習の重要性を主張している。

第5章 サーベイマップの発達 第5・6学年

第1節 小学校第5・6学年における知覚環境

　小学校第5・6学年は、子どもの知覚環境が、ルートマップの段階からサーベイマップの段階へ移行する時期である。小学校第5学年と第6学年の児童を対象に手描き地図調査を実施し、その結果をもとに、知覚環境の実態とその発達について考察する。

　手描き地図調査は初めに子どもが第5学年であった2012年6月15日に71名を対象に実施し、同一の子どもが第6学年に進級した2013年5月17日に同様の方法で73名を対象に実施した[1]。これまでの調査と同様に「あなたの住んでいるまわりの様子について地図に描いてください。」と発問し、およそ15分から20分の時間を使って自由に地図を描かせた[2]。2枚目の紙を必要とする子どもには随時渡したが、実際には2枚目を要求した児童は少なかった。これらの手描き地図を分析し、知覚環境の発達の過程について解明する。

　研究対象地域は、東京都稲城市押立地区である[3]。この地域は、多摩川の右岸にあたる沖積地上に位置する。地区の地形は、多摩川の流れに沿って東へ緩傾斜するが、ほぼ平坦な地形である。土地利用は、水田や果樹園、畑地が見られ、この地域は農地と住宅地が混在する東京都市圏の近郊に位置する。小学校の学区域は、北側は多摩川に面し、南側はJR南武線の鉄道の線路に接している。多摩川を渡り東京都府中市と稲城市を結ぶ稲城大橋が架橋され、橋に続く道路は学区を南北に走る。

　小学校は学区域のほぼ中央にあり、東西に延びるいちょう並木通りに近く、この通りは歩道が整備され、通学路となっている。これらの川崎街道やいち

ょう並木通りは、環境をとらえるときの基準となる。小学校の学区域内に公立の中学校があり、小学校を卒業すると子どもの多くは、公立中学校へ進学する。

第2節　第5・6学年における手描き地図の形態分類

　手描き地図を分類すると、第5学年では多くがルート2型の地図を描くことが分かる（図5-1）。第5学年の段階においても、サーベイマップよりもルートマップを描く子どもの割合が高い。また、わずかにルート1型の地図や非ルートが見られる。サーベイ1型の地図は約20％あり、より広域を描いたサーベイ2型の地図は見られない。全体として、ルートマップが支配的である。家から学校までの道路をたどることによって、地図を描く子どもの割合が高く、道路を延長し、それに沿って地物や建物を配置する地図となる。一方、サーベイマップは、主要な道路を描き、それらと主な地物や建物との位置関係を正しく描く地図である。主要な道路や鉄道を基準にして広い環境を描くことができる子どもは少数に限られる。

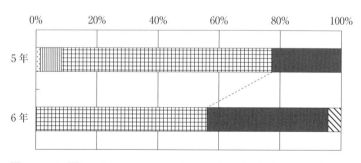

図5-1　手描き地図の形態分類　小学校第5・6学年
（手描き地図調査により作成）

第6学年では、ルートマップ2型の割合が約60%となる。サーベイ1型が約35%で、サーベイ2型が約5%見られるようになる。全体として未だルートマップの割合が高く、約半数はルートマップの段階であることが、明らかになった。しかし、一部はルートマップからサーベイマップへ移行し、サーベイマップの割合が増加する傾向にある。また、第6学年では、より広域を描くサーベイ2型の地図が見られる。

第3節　第5・6学年における建物表現の形式

　建物表現は、立面的な表現と位置的な表現に区分できる。第5学年では、約半数が立面的な表現であり、残り約半数が位置的な表現となる（図5-2）。この段階では、まだ建物を描くときに水平からの視点で、絵の様に描く傾向が残る。これは、地図を描くときの視点が、垂直ではなく水平からの視点に立っていることを示しており、自分が道路を歩いているときの可視的な景観をそのまま地図に描こうとしている。

　第6学年になると、立面的な表現は減少し、約30%となる。残りの約70%は、位置的な表現になる。すなわち、地図を描くときの視点が上空からの垂

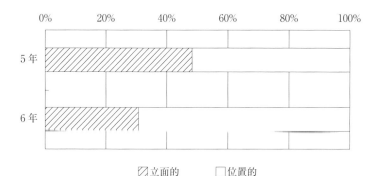

図5-2　建物表現の形式　小学校第5・6学年
（手だき地図調査により作成）

直な視点に転換し、地物の位置を示す描き方となる。建物の扉や窓を細かく描く事例は少なくなる。上空からの視点で描く範囲を考え、主な道路や鉄道を位置づけ、子どもにとって重要な地物を描き入れる。第5学年から第6学年にかけて次第に視点の転換が図られ、位置的な表現が増加することが読み取れる。

　サーベイマップを描くためには、地図を描く視点が、道路を歩くときのように水平に地物を見る立面的な表現の視点から、上空から見る位置的な表現の視点に転換する必要がある。立面的な視点では、道路を延長して描く範囲を広げることはできるものの、道路相互の位置や地物の全体的な位置関係をとらえることが困難である。

　第6学年の段階では、約70％の子どもの視点が転換し、位置的な表現となる。しかし、サーベイマップを描く子どもの割合は、約半数にとどまり、上空から垂直に見る視点を獲得しても、なおルートマップからサーベイマップへ移行しない子どもが存在する。

第4節　第5・6学年における手描き地図に描かれた要素

　手描き地図に描かれた要素を「自然・土地利用」「店・医院」「交通・道路」「学校・公共施設」「家・建物」「公園・広場」「その他」の7種類に分類し、それらの要素の傾向を考察する（図5－3）。

　最も描かれる割合が高いのは、「家・建物」である。この地域では、土地利用は住宅地と農地が混在し、住宅は戸建ての住宅と集合住宅の両方が見られる。子どもは、道路の周辺に見られるマンション、アパート、戸建て住宅などの建物を、地図に描き込んでいく傾向がある。次に多い項目は、「自然・土地利用」である。学区の北に多摩川が流れ、多摩川の堤防に沿ってサイクリングロードがあり、河川敷はグランドとして使用される。河川敷の一部には、河畔林が広がる。また、農地は果樹園が多く、この地域の農業の特

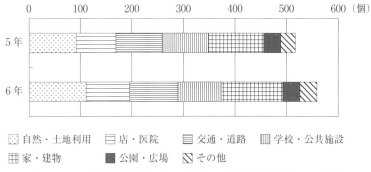

凡例: 自然・土地利用　店・医院　交通・道路　学校・公共施設　家・建物　公園・広場　その他

図5－3　手描き地図に描かれた要素の種類　小学校第5・6学年
（手描き地図調査により作成）

産品として知られる「多摩川なし」を栽培している（図5－4）。また、野菜を栽培する畑や水田が点在する。このような自然や土地利用の特色を、地図に描き入れていることが分かる。第3位は、「交通・道路」で、子どもは通学路をはじめとする様々な道路を描き入れることを通して、地図を拡張する。それに伴って交通に関する地物の割合が高くなる。

「学校・公共施設」「店・医院」「交通・道路」などの要素は、比較的割合が高く、子どもは多様な要素に注目し、地図に記入する。しかし、「公園・広場」の割合は高くない。学区内には、小規模の公園があるのみで、大規模な街区公園は見られない。それらの小さな公園は、子どもの遊び場となっているものの、ブランコやすべり台などいくつかの遊具が備えられる程度の規模で、第5・6学年の子どもが集団でボール遊びをするには、広さが充分ではない。

子どもの手描き地図に描かれた出現頻度が高い主な要素は、第1・2学年や第3・4学年と同様に、第1は「小学校」である。次が「自分の家」となる（表5－1）。第5・6学年でも子どもが手描き地図を描く場合、学校か自分の家から描き始めることが多い。これらの両者が、地図を描くときに重要な場所と考えられる。第5・6学年では、学校と自分の家を結ぶルート1型

図5-4　道路沿いに見られるなし畑
（2015年2月筆者撮影）

の地図は見られない。しかし、ルート2型の地図やサーベイマップを描く場合も、「小学校」や「自分の家」から地図を描き始める場合が少なくない。

　次に「家」「畑」「マンション」が見られる。子どもの地図に住宅地と農地が混在しているというこの地域の土地利用の特色が反映されている。これに「用水路・川」が続く。この地域では、大丸用水が学区内を流れ、農業用水として現在も田や畑に水を供給している。学校の正門の近くの用水路にはザリガニ、コイ、アブラハヤなどの生物が生息し、冬季を中心にカモ、コサギなどの野鳥が観察される。子どもにとって用水路は学年を問わず、意味のある場所であり、子どもの地図にもしばしば用水路が登場する。この他に、「稲城大橋」、「いちょう並木通り」、「JR南武線」や「矢野口駅」など交通に関する要素が描かれる[4]。「稲城大橋」は、多摩川に架橋され、この橋を渡ると北に隣接する東京都府中市につながる。また、橋から南の鶴川街道に向

表5-1　手描き地図に描かれた主な要素　小学校第5・6学年
(人)

番	5年		6年	
1	小学校	48	小学校	40
2	自分の家	40	自分の家	39
3	家	27	家	30
4	マンション	25	畑	30
5	用水路・川	25	マンション	23
6	畑	19	用水路・川	21
7	駐車場	18	駐車場	18
8	いちょう並木通り	18	公園	17
9	公園	16	稲城大橋	16
10	なし畑	14	アパート	14
11	矢野口駅	11	なし畑	14
12	稲城大橋	9	矢野口駅	14
13	JR南武線	8	いちょう並木通り	13
14	信号	8	多摩川	12
15	横断歩道	8	友達の家	11
16			中学校	10
17			JR南武線	10
18			信号	10

(手描き地図調査により作成)

けて道路が延び、学区の広がりをとらえるとき、この道路は基準の一つとなる。

　この他に「信号」が描かれる。子どもは、自分の家から学校までの地図を描くときに、道路沿いにある信号や横断歩道などの交通に関する要素を描く割合が高い。この割合は低学年ほど高く、高学年になるとこれらの要素を詳細に描く傾向は低くなる。しかし、高学年でも道路を延長して地図を拡大し、

図5-5　いちょう並木通り
(2013年11月筆者撮影)

道路に沿った交通に関する要素を描く事例があることが分かる。

　これらの要素は、全体としてこの地域の土地利用を反映した内容となっている。また、要素の中の、「小学校」、「自分の家」、「友だちの家」などは、第1・2学年、第3・4学年と共通して見られる要素で、いずれの学年でも環境を知覚するときに重要な要素であることが指摘できる。さらに、「鉄道」、「川崎街道」、「いちょう並木通り」、「稲城大橋」などは、より広い環境をとらえるときに基準となる要素であり、第5・6学年の地図で出現頻度が高くなる[5]。主な道路や鉄道は、環境をとらえるときの言わば座標軸の役割を果たす（図5-5）。

第5節　個別児童の手描き地図の特色

　同一の児童が、第5学年と第6学年に描いた地図を分析し、個別児童の手

描き地図の変化を基に知覚環境の発達について考察する。

第1項　ルートマップからサーベイマップへの移行　児童5-①の事例

児童5-①の場合、第5学年では、ルート2型の地図を描く。地図は、道路と周辺の家が描かれる。自宅近くの道路を中心に描き、その周囲に家屋を配置している。特に地名は描かれていない（図5-6）。

これに対して第6学年では、稲城大橋ならびに学区域の北を流れる多摩川が描かれる。多摩川を渡り、稲城市と隣の府中市を結ぶ稲城大橋及びそれに接続する道路が、広い環境をとらえる基準となり、それを基に自分の家と学校を配置している。この他に地図には、「公園」「畑」「くろがねや」「中学校」などの要素が描かれる。「くろがねや」は、学区内にあるホームセンターで、景観的にも目立ち、文房具も販売していることから、ここで買い物をする子どもも少なくない。「中学校」は、多くの子どもが小学校を卒業すると進学する公立中学校である[6]（図5-7）。

第6学年では、河川と主な道路を基準として、より広い環境を知覚することができるようになり、自分の家と学校を広い環境の中に位置づけ、広域を表現する地図を描くことができた。

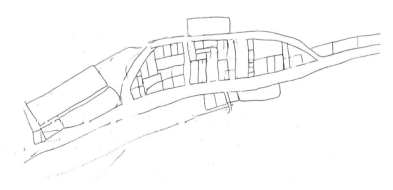

図5-6　手描き地図　ルート2型　小学校第5学年　児童5-①

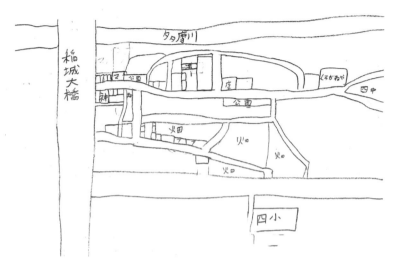

図5-7　手描き地図　サーベイ1型　小学校第6学年　児童5-①

第2項　サーベイマップの維持　児童5-②の事例

　児童5-②は、第5学年の段階で、すでにサーベイ1型の地図を描くことができる。地図の中央に小学校と公園が描かれる（図5-8）。この地図は、上方が南、下方が北である。上方に幹線道路である川崎街道が東西方向に描かれ、これと平行して鉄道が走る。また、下方には、「いちょう並木通り」がやはり東西に延びる。鉄道といちょう並木通りの間が、いくつかの街区に区切られ、その中に小学校が位置づけられている。上方に南を描いた理由としては、学区内の南に矢野口駅があり、外出するときは、鉄道を利用することが多く、鉄道の重要度が高いこと、同時に学校の教室の窓から、校舎の南側を走る鉄道の高架線を望むことができることが挙げられる。鉄道がこの子どもにとって意味のあるものとして地図の上方に描かれ、強調されていると考えられる（図5-9）。建物表現は位置的であり、上空からの視点で位置を示すように描かれる。

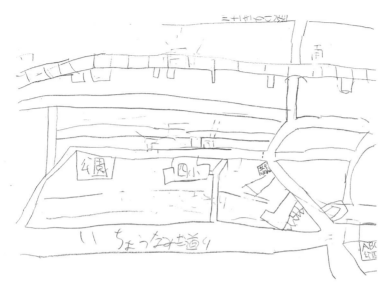

図5-8　手描き地図　サーベイ1型　小学校第5学年　児童5-②

図5-9　学校の校舎から北を望む景観　鉄道と多摩丘陵が見える
(2012年3月筆者撮影)

図 5−10　手描き地図　サーベイ 1 型　小学校第 6 学年　児童 5 −②

　同一の児童が第 6 学年になると、同じくサーベイ 1 型の地図を描く（図 5−10）。しかし、この地図は、地図の上方が北、下方が南となり、一般的な地図の約束に従った描き方である。自分の関心の強さよりも、地図の約束を重視した表現となっている。上方にいちょう並木通りを東西に描き、下方に鉄道が描かれる。その間に学校を描き、鉄道と主な道路を基準にして学校の位置を示している。第 5 学年の段階で、この児童はサーベイマップを描き、第 6 学年でも同様にサーベイマップを描いた。地図上の方位は、上方が南から上方が北へ、変化している。しかし、鉄道と主な道路を基に環境をとらえ、学校を位置づける描き方は共通である。

　すなわち、主な道路、鉄道、河川などを基準として、広い環境をとらえ、その中に自分の家や学校を位置づけることによって、サーベイマップを描くことができる。また、第 5 学年の段階で一度サーベイマップが獲得されれば、第 6 学年においてもサーベイマップが再現される。

第6節　第5学年から第6学年への手描き地図の変化

　小学校第5・6学年は、ルートマップからサーベイマップへ移行する時期である。手描き地図の建物表現を分析すると、第6学年までに立面的な表現から位置的な表現に発達し、視点の転換が図られ、サーベイマップを描く前提が準備されていると考えられる。

　また、子どもは地図を描くときに、基準となる主な道路や鉄道を描くことによって、地物の位置関係をとらえ、より広い環境を知覚し、地図に表現することができるようになる。

　一方で、第6学年においてもサーベイマップを描く割合は、約半数にとどまる。道路を延長する方法で、地図を広げることはできるが、主な道路や鉄道を基準に広い環境をとらえるまでに至らず、ルートマップの段階にとどまる子どもも見られる。この段階で、ルートマップからサーベイマップへ移行する子どもとルートマップの段階にとどまる子どもの両方が並存することが指摘できる。

　サーベイマップに移行した子どもは、その後もその知覚の方法が保持され、再びサーベイマップを描くことができるようになると考えられる。一方ルートマップを描く子どもは、視点の転換が図られたとしても、広域の環境に関する情報が不足し、地物の位置関係をとらえられない場合は、サーベイマップへの移行がなされない。

　第5学年から第6学年への手描き地図の形態分類の変化に注目すると、どちらもルート2型を描き、形態上の変化が表れない子どもが見られる。第5学年でルート2型の地図を描き、第6学年でも再びルート2型の地図を描く子どもの割合が最も多く約51％になる。

　ルート2型からサーベイ1型に変化した割合が約19％、サーベイ2型に変化した割合が約3％で、第3・4学年と比較してルートマップからサーベイ

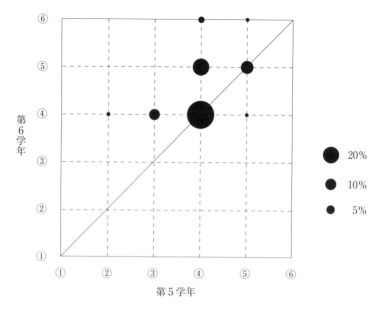

①読み取り不可 ②非ルート ③ルート1 ④ルート2 ⑤サーベイ1 ⑥サーベイ2
図5-11　手描き地図の形態分類の変化　小学校第5・6学年
(手描き地図調査により作成)

マップへの変化の割合は低い（図5-11）。

第7節　第5・6学年の社会科学習との関連

　第5・6学年の社会科においては、直接身近な地域を教材として取り扱う単元は、位置づけられていない。第5学年では、主に日本の国土と環境、産業が学習の対象となる。国土の学習では、国土と各地のくらしなどが取り上げられ、産業学習では農業、水産業、工業、情報産業などが学習の対象である（表5-2）。

　また、第6学年の社会科は、日本を中心とする歴史、政治、世界とのかか

表5-2　社会科の単元　第5・6学年

	第5学年	第6学年
単元	1　わたしたちの国土と各地のくらし ・世界の中の国土 ・国土の地形の特色 ・低い土地のくらし ・国土の気候の特色 ・暖かい土地のくらし 2　わたしたちの生活と食料生産 ・くらしを支える食料生産 ・米づくりのさかんな地域 ・水産業のさかんな地域 ・これからの食料生産とわたしたち 3　わたしたちの生活と工業生産 ・工業生産と工業地域 ・自動車をつくる工業 ・工業生産をささえる ・これからの工業生産とわたしたち 4　情報化した社会とわたしたちの生活 ・情報産業とわたしたちのくらし ・社会を変える情報 ・情報を生かすわたしたち 5　わたしたちの生活と環境 ・わたしたちの生活と森林 ・環境を守るわたしたち ・自然災害を防ぐ	1　日本の歴史 ・縄文の村から古墳の国へ ・天皇中心の国づくり ・貴族のくらし ・武士の世の中へ ・今に伝わる室町文化 ・3人の武将と天下統一 ・江戸幕府と政治の安定 ・町人の文化と新しい学問 ・明治の国づくりを進めた人々 ・世界に歩み出した日本 ・長く続いた戦争と人々のくらし ・新しい日本、平和な日本へ 2　わたしたちの生活と政治 ・子育て支援の願いを実現する政治(選択) ・震災復興の願いを実現する政治(選択) ・国の政治の仕組み ・わたしたちのくらしと日本国憲法 3　世界の中の日本 ・日本とつながりの深い国々 ・世界の未来と日本の役割

(2013年度稲城市立小学校指導計画等による)

わりが学習の対象となる。第3・4学年に位置づけられる身近な地域の学習とは、内容が異なる。従って、社会科の学習の中で、身近な地域の環境をとらえるための単元は位置づけが無く、身近な地域を中心とした知覚環境を発達させるための機会は少ないと言える。

したがって、第5・6学年では、子どもは主に社会科の学習以外の日常生活の中での限られた場所体験をもとに、地域に関する情報を獲得し知覚環境を発達させると考えられる。

第8節　地図に関する問題解決　第5・6学年

　地図を描くという問題を解決するときには、「計画：方針の決定」段階と「実行：地図を描く」段階の2段階がある。「計画：方針の決定」段階では、はじめに地図に描く情報を選択する。日常の通学行動、遊び行動を通して入力した情報の中から地図に表現する情報を決定する。次に位置を確認し、主な建物がどこにあるか確かめ、位置情報を与える。サーベイマップを描く場合、位置を特定するために、道路、鉄道、河川などを基準として、それらと主な建物の位置関係をとらえる。この地域では、川崎街道、いちょう並木通りなどの道路、鉄道、多摩川が基準となり、これらと、自分の家、小学校など地物の位置関係を特定し、地図を描く方針を決定する。

　「実行：地図を描く」段階では、主な道路、公園、住宅地などの位置を道路や鉄道を基準にして確かめ、地図に描き入れる。地図の描く情報を選択し、地物相互の位置関係を確認した上で描く方針を決定し、地図を描く場合には、面的な広がりのあるサーベイマップを描くことが可能となる。

第9節　第5・6学年における知覚環境の発達

　第5・6学年の時期、環境から子どもへの入力に関しては、子どもの外遊びの機会が少なくなり、これに伴って地域の情報を得ることが制約される。また、子どもからの出力に関しては、地図の形態分類は、サーベイマップが徐々に増加する。

　この時期は、ルートマップからサーベイマップへの移行期であり、サーベイマップを描くことができる子どもの割合が高くなる（図5-12）。建物表現は、立面的な表現から位置的な表現に移行する子どもが過半数となる。これによって、視点の転換がなされ、サーベイマップを描く基礎が整うといえる。

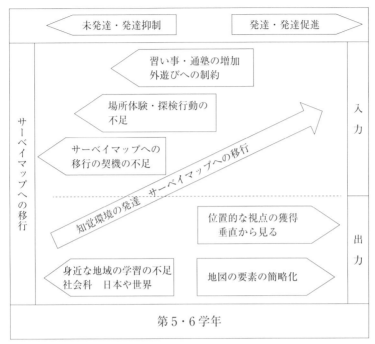

図5-12 第5・6学年における知覚環境の発達の模式図

地図に描かれる要素は、簡略化が進み、個別の事象を詳細に描くことが少なくなり、広い環境を全体的にとらえることができるようになる。また、地図技能が向上し、地図を描く方法を習得できるようになる。これらは、知覚環境の発達を促進する要因と考えられる。

一方で、第2章で指摘した様に、この時期は、習いごとや通塾の割合が一層高くなり、子どもの時間的な制約が多くなる。それによって、大人数で外で遊ぶ機会が減り、探検行動や場所体験の機会も減少する。したがって、野外で地域に関する情報を獲得する機会は限られる。

さらにこの時期は、社会科の学習においては、日本の国土と環境、産業、歴史、政治あるいは、世界に関する学習が中心となる。よって身近な地域を

教材とする学習は、位置づけられない。社会科学習の中で、身近な地域の地図を描き、知覚環境を発達させる機会が少なく、サーベイマップを描く契機が得られにくい。これらは、知覚環境の発達を抑制する要因と考えられる。

このように、第5・6学年では、子どもの心理的発達に伴って、知覚環境を発達させる内的要因は、次第に整う。しかし、生活の中で時間的制約が強まり、探検行動が制約されるなどの外的要因によって、知覚環境の発達が抑制される傾向にあることが明らかとなった。

第5章の注

1) 調査対象の人数は、第5学年71名、第6学年73名である。このうち70名は、2回の調査のどちらにも参加した。調査は、いずれも社会科の授業の一部の時間を使い、筆者が実施した。
2) 調査の方法は、他の手描き地図調査と同一である。調査時間は、30から40分の時間を確保することが難しかったため、15から20分とした。
3) 小学校の学区域は、稲城市押立地区、矢野口地区、東長沼地区に属する。このうち押立地区に居住する子どもが最も多い。
4) 稲城大橋は、多摩川にかかる橋の名称で、稲城市と多摩川の対岸にある府中市とを結ぶ。稲城大橋の北端に、中央自動車道の稲城インターがあり、首都高速道路で都心方面へつながる。
5) 特に「いちょう並木通り」は、学区のほぼ中央を東西に走り、歩道は多くの子どもが通学路として利用する。したがって、環境をとらえるときの基準として機能している。
6) 小学校の卒業生は、多くが同一の公立中学校に進学し、公立中学校は、小学校の学区内にある。

第6章　地域的特色と知覚環境

第1節　地域的特色の知覚環境への影響

　子どもの知覚環境の発達に影響する要因として、子どもが居住する地域の環境の様々な特色があげられる。地域の特色によって、子どもにとって比較的知覚環境を発達させることが容易な環境と、反対に困難な環境があると考えられる。

　子どもの知覚環境と居住する地域の特色との関連について、寺本・岩本・吉田（1991）は、都市、平地農村、山村における手描き地図の特色を論じた。都市では東京都文京区の事例を基に道路の形態が知覚環境に影響を及ぼし、道路が動線として機能するとした。また、熊本県阿蘇谷地域を事例に平地農村では地図を広範囲に描く傾向があり、これは景観的に見通しがきき、可視的な範囲が広いことによる事実を示した。さらに、東京の近郊山村である山梨県丹波山村を事例として山村では集落の範囲のみを描く傾向があり、山は詳しく描かれないという特色を指摘した。

　泉（1993）は、広島市で旧市内として城下町の名残が見られる広島市中区、都市近郊として振興住宅地の同市佐伯区美鈴が丘団地、外縁部として中国山地に位置する安佐北区、島嶼として瀬戸内海に浮かぶ似島という特色が異なる地域を選定し、小学校第2・4・6学年の児童を対象に手描き地図調査を実施し、それぞれの地域における知覚環境の特色を明らかにした。あわせて、アンケート調査により児童の行動経路を把握し、両者の関係について論じた。旧市内、近郊部では学年に応じて手描き地図に描かれた範囲が発達するが、外縁部、島嶼においては描く範囲が自宅周辺にとどまる傾向があると述べた。

これらの研究では、自然環境の著しく異なる地域を取り上げ、それぞれの地域における知覚環境の差異を示している。しかし、土地利用、道路の配置など、より微細な地域の特色と子どもの知覚環境との関連について、十分には論じられていない。特に人口が多く、多数の子どもが居住する都市近郊地域について、子どもの知覚環境を研究した事例はわずかである[1]。都市近郊地域における子どもの知覚環境の実態を明らかにし、知覚環境の発達への地域的特色の影響をとらえるための研究が求められる。

本章では、東京都の近郊地域に位置する東京都稲城市長峰地区と同市押立地区を例に、同一年度における同一学年の小学校第4学年の子どもの手描き地図の分析から知覚環境の実態を明らかにした上で、地域的特色と知覚環境との関連を考察する。

第2節　ニュータウン地域における知覚環境

第1項　研究対象地域　長峰地区

研究対象地域は、多摩丘陵に位置する東京都稲城市長峰地区で、この地区は八王子市、町田市、多摩市、稲城市にわたる多摩ニュータウンの最も東部に位置する（図6-1）。ニュータウンの開発に伴って地形改変がなされ、人工的で計画的な町づくりが行われた。ここは多摩丘陵の一部に属し、地形面として上位段丘面である多摩面が見られ、台地と比較して形成時期が古く浸食を受けているため、起伏に富んだ地形となる。この地域は坂と階段が多い町である。

稲城市では、多摩丘陵の標高の高い地域が開発され、ニュータウンが造成された。比較的標高が低い丘陵地を開析した谷に沿う地域は、古くからある集落が点在している。小学校の学区域は、ニュータウンの新しい学校の学区域と隣接する古くからある三沢川の谷に沿った地域の学校の学区域に区分さ

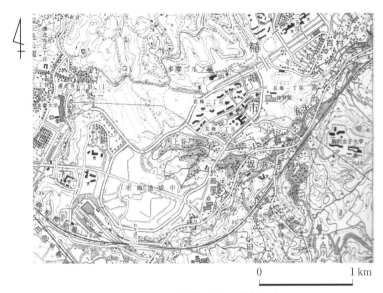

図 6 − 1　研究対象地域　長峰地区
(1:25,000地形図「武蔵府中」平成11年部修　平成12年発行)

れ、それぞれ個別の小学校区となる（図 6 − 2）。ニュータウンの学区域では、住宅を開発したときに同時に街区公園が整備された。これらの公園は、規模、広さ、遊具の種類などは様々で、いずれも子どもの遊び場となっている。

　街区公園のいくつかには、「ぞうさん公園」「青公園」「赤レンガ公園」などの通称地名が付けられる。元来起伏の多い地形であるため、これらの公園も斜面が多い。したがって、小学校の校庭が、子どもにとって唯一の広く平坦な遊び場となる。また、この地域は、最寄りに鉄道の駅が無いため、通勤、通学者は、駅まではバス交通を利用する。学区域内には駅前商店街などは無く、コンビニが 1 軒あるのみで、日常的な買い物は、隣の小学校の学区にあるスーパーマーケットまで行かなければならない。ここには、子どものための駄菓子は無い。土地利用は、中高層、および低層の住宅地と街区公園、学校や保育園、駐在所、市立体育館などの公共施設からなり、畑や果樹園など

図6-2　小学校の校庭と体育館　長峰地区　背景はニュータウンの住宅
（2004年6月筆者撮影）

の農地は存在しない。学区域は、計画的に整備された住宅地であり、比較的均質な環境が広がる。

　古くからある集落に比べると、地域の結びつきが希薄な傾向が見られる。ニュータウン内に神社が無いため、神輿が練り歩くような祭礼は行われない。一般に神社の祭礼では、神輿が地域の中を練り歩き、自分の所属する地域の広がりを歩いて確認する機会となる。この地域ではこのような場所体験の機会をもつことが少ない。夏休み中に地域の自治会主催の夏祭りが学校の校庭で開催され、住民が親睦を深める。子どもにとってはお楽しみの機会となる。小正月の行事である塞の神、どんど焼きと呼ばれる行事も行われない。塞の神については、隣接する集落の坂浜地区の行事に地域の子どもがいっしょに参加する姿が見られる。ここでは地域の行事を通して場所体験が行われる機会が限られるといえる。

　学区域の中をバス通りが通っているものの、住宅地の中は交通量は多くない。また、鉄道の駅は無く、幹線道路、鉄道、河川などを基準として広い環境をとらえることが難しい。より広い環境をとらえる際の動線を形成しにく

い地域である。

　研究対象として第4学年を取り上げた。第4学年は、手描き地図の分類がルートマップからサーベイマップへ移り変わる段階であり、この学年を比較することを通して、地域の特色の差異によって、知覚環境の発達がどのように異なるか明らかにする[2]。

第2項　知覚環境の特色　長峰地区

　長峰地区の第4学年の手描き地図の分類では、非ルートが全体の約20％である。非ルートの割合が高く、まだ道路をたどって地図を描くことができない子どもが見られる。ルート1型の地図が約25％あり、ルート2型の地図が約40％と、最も多い。サーベイ1型とサーベイ2型をあわせたサーベイマップの割合が約10％である。全体的にルートマップの割合が高い（図6-3）。

　建物表現は、約半数が絵の様に描く立面的な表現であり、残り半数が上空からの視点で描く位置的な表現である。第4学年の段階で、約半数の子どもは、水平の視点から垂直の視点へ、視点の転換がなされていることが分かる（図6-4）。

　地図に描かれた要素は、「自分の家」、「小学校」、「友だちの家」、「公園」などの他に、「ぞうさん公園」、「銀のタヌキ」が見られる（表6-1）。「ぞうさん公園」は通称地名で、ゾウの形をかたどったすべり台があり、子どもからこのような名称で呼ばれている（図6-5、図6-6）。銀のタヌキは、小さい広場に金属製の銀色のタヌキのモニュメントがある場所で、この小さい広場は、子どもの遊び場であり、同時に遊びに行くときの待ち合わせの場所として使われる。このような通称地名が付けられている公園や広場が、環境を知覚するときの核となっていると考えられる。「保育園」は小学校に隣接する場所にあり、卒園生の多くが小学校に通学し、弟や妹が在園する子どもも見られる。子どもにとっては、学校との位置関係が分かり易く、特に保育園の卒園生には、親しみのある場所として地図に描かれる。

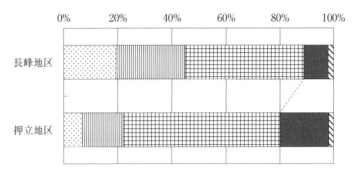

図6-3　手描き地図の形態分類の比較
（手描き地図調査により作成）

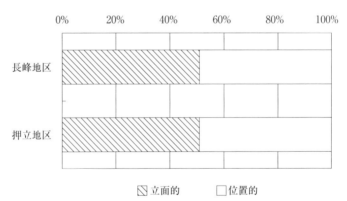

図6-4　手描き地図の建物表現の比較
（手描き地図調査により作成）

表6-1　手描き地図に描かれた主な要素の比較

番	要素（長峰地区）	人数	要素（大丸地区）	人数
1	自分の家	66	自分の家	47
2	小学校	52	小学校	42
3	駐車場	33	公園	22
4	公園	27	友だちの家	22
5	街区・号棟	20	畑	21
6	保育園	20	マンション	20
7	遊具	19	駐車場	18
8	マンション	19	店	17
9	ぞうさん公園	19	家	16
10	道路・歩道	16	大丸用水	13
11	大階段	15	信号	12
12	正門・西門	14	アパート	10
13	校庭	12	木・林	10
14	階段	11	なし畑	8
15	草原・芝生	11	踏切	8
16	銀のタヌキ	11	いちょう並木通り	7
17	友だちの家	10	いなげや（スーパー）	7
18	バス停	10	中学校	6
19	信号	10	押立ドラッグ	6
20			川	6

（手描き地図調査により作成）

図6-5　ぞうさん公園　長峰地区
(2004年11月筆者撮影)

図6-6　ニュータウン内の広場と集会施設　長峰地区
(2003年11月筆者撮影)

第3節　住宅地と農地が混在する地域における知覚環境

第1項　研究対象地域　押立地区

　押立地区の小学校の学区は、多摩川の右岸にある沖積地に位置し、川の傾斜に従って東へ向かって緩傾斜するが、ほぼ平坦な地形となる（図6－7、図6－8）。学区の西、多摩川上流側の標高が約37mで、学区の東、下流側の標高が約30mであり標高差が少ない。土地利用は、水田や果樹園を中心とする耕地が見られ、住宅地と農地が混在する。学区は、北側は多摩川に面し、南は東京都府中市と神奈川県川崎市を結ぶ幹線道路である川崎街道に接する。学区内を鉄道が東西に走り、駅が1か所ある。また、学区内を稲城市

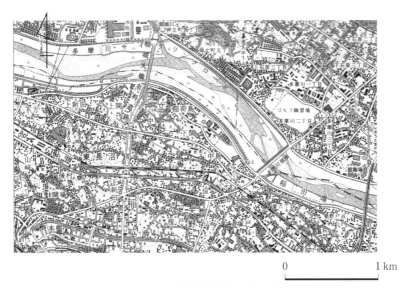

図6－7　研究対象地域　押立地区
(1:25,000地形図「武蔵府中」平成13年修正　平成14年発行)

図 6 - 8　押立地区の小学校
(2015年 2 月撮影)

西部の大丸地区で多摩川から取水する農業用水である大丸用水が網目状に流れる。用水路では、ザリガニを釣ることができ、子どもの遊び場ともなっている。

　この地域には、押立地区の鎮守である津島神社があり、毎年祭礼が行われる。また、正月の行事として塞の神があり、大人も子どもも参加して正月飾りを持ち寄ってどんど焼きを行う。行事を通した地域的な結び付きが見られる[3]。なし、ぶどうを中心とする果樹を栽培する農家がある一方で、東京近郊の住宅地となっており、戸建て住宅やマンション、アパートなどが増加している。子どもの保護者には、農業従事者も一部に見られるものの、東京都心方面へ通勤している保護者も少なくない。小学校は学区のほぼ中央に位置し、押立地区を中心に矢野口地区と東長沼地区の一部から子どもが通学する。

第 2 項　知覚環境の特色　押立地区

　押立地区の手描き地図の形態分類では、非ルートが10％に満たない。ルー

ト1型の地図が約10％で、ルート2型が約60％である。さらに、サーベイ1型の地図とサーベイ2型を合わせたサーベイマップの割合が、約20％見られる。最も多い類型はルート2型の地図であり、通学路を描き、それを延長することにより環境を知覚する地図が一般的と言える。サーベイマップも全体の20％あり、ルートマップからサーベイマップへの移行が進む途上であることが分かる。

建物表現の分類では、約半数が立面的な表現であり、残り約半数が位置的な表現である。水平からの視点から垂直からの視点に転換した子どもが、約半数いることが分かるが、残り半数は立面的な絵の様な表現が残存する。

地図に描かれる要素は、「畑」「なし畑」「大丸用水」「店」などがある。「畑」「なし畑」などは、この地域の多様な土地利用の中から子どもにとって目に付く地物を選び出し、地図に描き入れたことが分かる。水田や果樹園、畑と住宅地とが混在しているため、通学の途中で、多様な種類の地物を目にする機会が多い。また、「いちょう並木通り」や「川崎街道」沿いには、なしの収穫の時期である9月から10月を中心に季節的に特産品のなしを販売する直売所が開かれる。通学路にこのような店があり、子どもは日常的に目にしている[4]。このほかに、「学校」「自分の家」「友だちの家」などが見られる。これらは、地図を描くときの核になっていると考えられる。

第4節　地域的特色と知覚環境の発達

長峰地区と押立地区の知覚環境を比較することを通して、いくつかの特色が指摘できる。

第一に手描き地図の類型は、長峰地区の子どもの方が、非ルートの割合が高い。また、ルート1型の地図の割合も高い。さらに、サーベイマップの割合は、長峰地区の子どもの方が低くなる。すなわち、知覚環境の発達を考えれば、長峰地区の方が、非ルートの割合が高く、ルートマップが形成される

割合が低い。また、サーベイマップの割合が低く、ルートマップからサーベイマップへ移行する割合も押立地区と比較して、低い実態が明らかになった。

共通の特色としては、長峰、押立の両地区において、最も割合が高い分類は、ルート2型の地図である。どちらの地区においても道路をたどり、知覚環境を拡大する段階の子どもの割合が高いことが分かる。

第二に建物表現は、長峰地区、押立地区のどちらも、約半数が立面的な表現であり、残りの半数が位置的な表現である。視点は、半数程度が位置的な垂直からの視点に転換している段階で、この点については、地域的な差異が認められない。すなわち、視点の転換は、同程度に図られていることが指摘できる。しかし、長峰地区と押立地区の地域的特色から、知覚環境の発達に差異が見られると考えられる。

第三に地図に描かれた主な要素では、長峰地区では、学校、自分の家、友だちの家などの他に、通称地名を付けた公園や広場が見られる。押立地区では、学校、自分の家、友だちの家などの他には、なし畑や畑、大丸用水、いちょう並木通りなど、土地利用を反映した要素が見られ、子どもが意味づけをする要素に差異がある。地域の土地利用の多様性の違いが知覚環境に影響を与える。

第四に地図を描く際の方位に関しては、長峰地区では、北西方向を地図の上として描く事例が最も多く、71例中49例（69.0％）見られる。これに対し、押立地区では、北を上として描いている地図が最も多く、37例中27例（73.9％）見られる。押立地区の方が北を上に地図を描く割合が高い。これは、長峰地区では道路が、東西方向ではなく、南西から北東方向へ延びているため、この道路を基準として地図を描くと、地図の上が北西方向となることによると考えられる。

ニュータウン地区の長峰地区においては、均質な住宅地から構成され、学区に幹線道路や鉄道が見られず、また、商店街は無い。一方、押立地区では、幹線道路や鉄道があり、それらが環境を知覚するときの座標軸の役割を果た

す。また、土地利用は住宅地と農地が混在し、多様な土地利用が見られる。さらに、地域の行事や祭りなどを通して地域的な結びつきが保持され、行事を通した場所体験の機会が与えられる。このような地域では、多様な場所体験が成立し、より広域の環境をとらえることが可能となり、知覚環境の発達が促進されると考えられる。

第6章の注

1）寺本・大井（1987）は、名古屋市近郊に居住する子どもを対象に遊び行動と空間認識について研究した。また、田村・田部（2017）は、高層マンションが建つ東京都の臨海部における小学校中学年の知覚環境の事例を示した。
2）調査対象人数は、ニュータウンである長峰地区が第4学年の児童男子54名、女子46名の合計100名であり、調査時期は2004年5月から6月にかけてである。押立地区は、第4学年の児童男子26名、女子33名の合計59名であり、調査時期は2004年6月である。
3）押立地区の塞の神の行事は、多摩川沿いの児童公園で、毎年1月初旬に行われる。本来は1月15日の小正月の行事だが、現在は祝日の成人の日前後の連休中に行われることが多い。
4）押立地区の小学校では、第3学年の指導計画に、なしの花粉付け、収穫などの体験活動が学習の一環として位置づけられている。

第7章　知覚環境の年次変化　2004年と2014年

第1節　年次変化の調査方法

　子どもは、未知なる世界を求めて探検行動を起こし、新しい遊び場を発見する行動を通して、また、遊び場における様々な場所体験を通して、知覚環境を発達させる。しかし、近年子どもの遊び行動の変化に伴う知覚環境の貧弱化が課題となる。近年では小学校の高学年においても、なお広い環境を知覚することができない子どもが増加していると指摘される（竹内 1999）。また、同一地域における1980年代と2001年の約20年を経た２つの年代の手描き地図を比較すると、地図を描く力が低下しているという実態が示されている（寺本 2004）。生活様式の変化に伴って、子どもが知覚環境を発達させることが難しくなりつつある。本章は、子どもの知覚環境の近年の10年間の年次変化について、実態を解明することを目的とする。

　子どもの知覚環境の年次変化の傾向を解明するために、同一の地域にある小学校を選定し、同一の学年を対象に年次を変えて手描き地図調査を行い、その結果を分析する。

　第１回の調査は、2004年６月に東京都稲城市押立地区にある小学校の第４学年の児童59名を対象として行った。第２回の調査は、それから10年を経た2014年５月に同一の小学校の第４学年の児童102名を対象として実施した。第４学年は、ルートマップからサーベイマップへの移行期にあたり、この時期の子どもの知覚環境を比較することが、知覚環境の発達プロセスを明らかにする上で重要と考えられる。

　調査方法は、これまでの調査と同様で、およそ30分から40分の時間を使っ

て地図を描かせた。2枚以上の用紙を必要とする子どもには、随時用紙を渡した。第1回と第2回の調査方法が同一になるようにし、調査はいずれも筆者が行った。

　手描き地図調査の結果から、手描き地図の形態分類、建物表現、地図の要素について分析することを通し、10年間の年次変化の実態を明らかにし、その要因について検討する。

第2節　手描き地図の形態分類の比較

　子どもの手描き地図の分析では、発達段階から地図を非ルート、ルート1型、ルート2型、サーベイ1型、サーベイ2型に分類した（図7-1）。その結果、第1回の調査では、ルート2型の類型の地図の割合が最も高く、約60％がこれに属す。自分の家と学校を結ぶ単純な道路によって描かれるルート1型の地図が、約10％見られる。また、サーベイマップが1型と2型を併せて約20％である。

　これに対し、第2回目の調査では、最も多い類型はルート2型であり、約

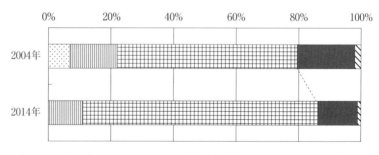

図7-1　手描き地図の形態分類　2004年と2014年
（手描き地図調査により作成）

80％がこれに属す。ルート１型の地図が、約10％見られる。約10％強がサーベイマップを描いている。

　全体として、第１回と第２回の調査結果を比較すると、ルート２型の地図の割合が高い点は、共通している。小学校第４学年の段階では、毎日通う小学校と自分の家を中心に道路を延長するようにして、地図を描く傾向が顕著である。しかし、一部にルート１型の自分の家と学校を道路で結んだのみの単純な地図が見られる。

　また、第２回調査では、ルートマップ２型の割合は高い。すなわち、ルート１型の地図からルート２型の地図への変化が進んでいると考えられる。１本の道路がさらに枝分かれし、延長されることによって、知覚環境を広げることができるようになっている。

　サーベイマップの割合は、１型と２型を併せて、第１回の調査では約20％を占めた。およそ５分の１の子どもは、何らかの形でサーベイマップを描くことができるようになっていた。これに対し、第２回の調査では、サーベイマップの割合が、約14％となり、前回と比較して低いことが指摘できる。ルートマップの形成は進んでおり、道路を延長することによって環境をとらえることができるようになっている。しかし、ルートマップからサーベイマップへの移行の割合は、減少している事実が明らかになった。

　2004年の結果と2014年の結果についてχ^2検定を行った結果、５％水準で有意差が認められた[1]。

第３節　建物表現の形式の比較

　建物表現では、第１回の調査では、水平の視点から見て描く立面的な表現と垂直の視点から描く位置的な表現の割合は、ほぼ50％ずつとなる（図７－２）。半数は、地図を描くときの視点が、水平の視点にとどまっているものの、残りの半数は垂直からの視点に転換している。第２回の調査では、

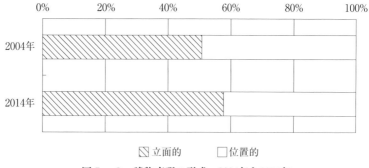

図7-2　建物表現の形式　2004年と2014年

立面的な表現の地図の割合がわずかに増加している。しかし、第1回と第2回の調査で、どちらも約半数は視点の転換が行われることが読み取れる。

χ^2検定の結果、5％水準で有意差は認められなかった[2]。2004年と2014年において建物表現の形式には差異は認められず、同じ程度に視点の転換がなされていると判断できる。

サーベイマップを描くためには、地図を描く視点が水平の立面的な視点から垂直の位置的な視点に転換することと同時に広域の環境をとらえることが必要である。視点の転換の割合には大きな変化は見られない。しかし、広域の環境について情報を得る機会が少なくなったため、サーベイマップを描く割合が減少していると考えられる。

第4節　手描き地図に描かれた要素の比較

地図に描かれた要素は、2004年と2014年のどちらも、「小学校」、「自分の家」、「友だちの家」、「公園」、「大丸用水」などの要素が描かれる割合が高い（表7-1）。第4学年の段階では、ルートマップを描く割合が高く、小学校や自分の家、遊び場となる公園が多く描かれる。この点は、第1回、第2回の調査で変化は見られない。第2回の調査で出現の頻度が高くなる要素に

第 7 章 知覚環境の年次変化 2004年と2014年 145

表 7 - 1 手描き地図に描かれた主な要素の比較 2004年と2014年

番	2004年			2014年		
	要素	人数	%	要素	人数	%
1	自分の家	47	79.7	小学校	80	78.4
2	小学校	42	71.2	家	44	43.1
3	公園	22	37.3	公園	43	42.2
4	友だちの家	22	37.3	自分の家	39	38.2
5	畑	21	35.6	畑	36	35.3
6	マンション	20	33.9	マンション	29	28.4
7	駐車場	18	30.5	用水路（大丸用水）	26	25.5
8	店	17	28.8	駐車場	19	18.6
9	家	16	27.1	矢野口駅	17	16.7
10	大丸用水	13	22.0	信号	16	15.7
11	信号	12	20.3	いちょう並木通り	13	12.7
12	アパート	10	16.9	なし畑	13	12.7
13	木・林	10	16.9	体育館	13	12.7
14	なし畑	8	13.6	なし屋	11	10.8
15	踏切	8	13.6	稲城大橋	11	10.8
16	いちょう並木通り	7	11.9	横断歩道	11	10.8
17	いなげや（スーパー）	7	11.9	中学校	11	10.8
18	中学校	6	10.2	ABC公園	11	10.8
19	押立ドラッグ	6	10.2			
20	川	6	10.2			

（手描き地図調査により作成）

「矢野口駅」がある。学区の中を走る鉄道は、2005年に矢野口駅が高架化された。その後駅の周辺が再開発され、駅前ロータリーができ、2007年にはショッピングセンター「アイポート矢野口」が開設され、商店が増えた。このような地域の変化を受けて、子どもにとって、意味のある場所として地図に描かれる頻度が高くなったと考えられる。2004年で描かれる要素に「踏切」が挙げられている。通学路の途中にあった鉄道の踏切は、通学の途中に通過する子どもがいるため、地図に描かれる頻度が高かった。鉄道が高架線になると、踏切が無くなり、地図にも描かれなくなる。

第5節　近年における子どもの生活の変化

　近年の10年間における子どもの生活の変化を検討するために、子どもを対象とした調査の結果をもとに生活の変化を描き出し、知覚環境との関係について考察する。

第1項　外遊び

　小学生を対象とした生活時間調査としては、ベネッセ教育総合研究所が実施した「放課後の生活時間調査」がある。第1回調査が2008年11月、および第2回調査が2013年11月に実施された[3]。対象は小学生から高校生までの児童・生徒である。第1回調査は、全体の調査対象8,017名で、このうち小学校第5学年が1,339名、第6学年が1,264名である。第2回調査は、全体の調査の有効回答数は、8,100名であり、このうち小学生は第5学年が、1,245名、第6学年が1,162名である。この調査の結果により、小学生の生活時間の一端を知ることができる（図7－3）。

　この調査によれば、第1回と第2回を比較すると、1日当たりの小学生の「外遊び・スポーツ」の時間は、「しない」という回答が、27.3％から29.7％に、30分以下という回答が、33.5％から34.1％にそれぞれ増加している。ま

第7章 知覚環境の年次変化 2004年と2014年　147

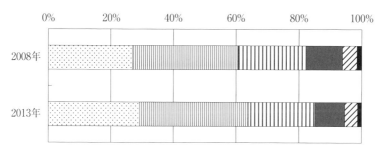

図7-3　外遊び・スポーツの時間
（ベネッセ教育研究所の資料により作成）

た、「2時間」という回答が、11.5%から9.5%に、「3時間以上」という回答が、4.9%から4.2%にそれぞれ減少している。2008年から2013年への5年間の変化としては、外遊び・スポーツを「しない」子どもが増加し、また外遊び・スポーツをする場合でも、その時間が短縮する傾向が強まっていることが指摘できる。

この調査は、小学校第5学年・第6学年を対象とした調査結果である。しかし、小学生の一般的な傾向として、外遊びの機会が減少していると考えられる。

第2項　放課後の通塾

ベネッセ教育調査研究所が実施した「学校外教育活動に関する調査」の調査結果から2008年と2013年の学習塾に通う回数について検討する[4]。学校の授業の内容を補う補習塾に行く回数については、小学生では週に1回行く子どもは、33%から35.2%に増加する（表7-2）。また、週に2～3回行く子どもは、60.6%から61.7%に増加する。

受験のための進学塾に行く小学生は、週に2～3回行く子どもは、55.8%から61.3%に増加する。しかし、週に5～6回行く子どもは、23.4%から

表7-2　小学生が塾へ行く回数

(％)

年度	補習塾		進学塾	
	2009年	2013年	2009年	2013年
月に1日未満	1.1	0.3	0	0.2
月に1日	1.1	0	0.5	0.2
月に2～3回	2.8	1.7	1.2	1.6
週に1日	33	35.2	15.5	14.1
週に2～3回	60.6	61.7	55.8	61.3
週に4～5回	1.1	0.8	23.4	19.8
週に6～7回	0.3	0.3	3.6	2.8

(ベネッセ教育研究所の資料による)

19.8％に減少する。

　全体として補習塾および進学塾などのいわゆる学習塾に通う子どもの割合は、2009年と2013年を比較すると、週に2～3回塾に通う子どもの割合が増加している実態が明らかになる。子どもの生活の中で、補習塾を中心に塾へ通う割合が高くなり、その結果、野外で遊ぶことのできる時間は短くなる傾向にある。

第3項　遊び場

　ベネッセ教育総合研究所が第1回2004年と第2回2009年に実施した「子ども生活実態基本調査」を基に、小学校第4学年の生活実態の変化について考察する[5]。

　2009年における調査結果によれば、小学生が「よく遊ぶ」「ときどき遊ぶ」と回答している場所は、自分の家、友だちの家が多い（図7-4）。続いて公園や広場など、学校の運動場となる。この順位は2004年の調査と変わっていない。自分の家や友だちの家で遊ぶ機会が多く、屋内での遊びが好まれる傾向が読み取れる。また、公園や広場、学校の運動場などのオープンスペース

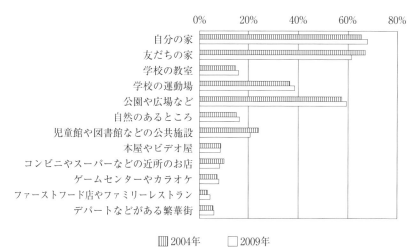

図7-4 小学生の遊び場
（ベネッセ教育研究所の資料による）

が、野外における一般的な遊び場である。小学生にとっては、自宅や学校近くの公園や広場が、おにごっこやボール遊びなどをする場所として重要である。

第4項　テレビゲーム

テレビゲームをする時間は、2004年と2009年を比較すると、「ほとんどしない」割合が減少し、「する」割合が増加する（図7-5）。特に、3時間以上する子どもの割合の増加が顕著である。したがって、全体的にテレビゲームをする時間は増えていると言える。このことは、一日の内で自由に使うことができる時間は限られるため、おにごっこやボール遊びなど野外でテレビゲーム以外の遊びをする機会が減少している実態を示すと考えられる。近年では、ゲーム機を野外に持ち出し、公園や広場でゲームをする小学生の姿が見られる。

子どもの遊び環境の悪化に関する模式図を参照すると、通塾や習い事の増

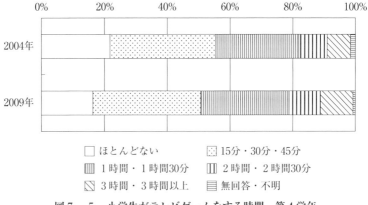

図7-5　小学生がテレビゲームをする時間　第4学年
(ベネッセ教育研究所の資料により作成)

加により遊び時間が減少し、時間的な制約が強まることにより、遊ぶ友だちが少なくなる。そして、遊び集団の縮小、遊び場の減少、ならびに遊び方法の貧困化などにより、遊びが成立しにくくなることが指摘される（図7-6）。野外での遊びが困難になれば、新しい遊び場を求める探検行動や、遊びを通した場所体験が成り立たなくなる。遊びの貧困化は知覚環境の発達を妨げる要因の一つである。

　近年の10年間では、一般的に小学生の放課後の補習塾と進学塾を含めた通塾の傾向は強まっている。また、テレビゲームに関しては、テレビゲームをしない子どもが減少し、長時間テレビゲームをする子どもが増加している。この結果、子どもの外遊びの時間は、減少傾向にある。大西（1998）が指摘するように、子どもの生活は、空間と時間の両面でプログラム化が進行している。このことから地域で、遊び行動を通して広域の環境をとらえる機会が減少し、その結果として手描き地図においては、特にサーベイマップの割合が低下していると考えられる。

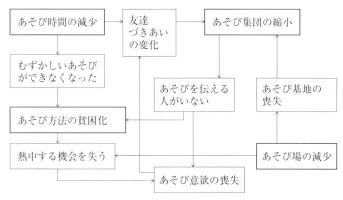

図7−6　遊び環境の悪化の循環
(仙田 2009) による

第6節　押立地区の変容

　稲城市押立地区では、2005年から2011年にかけて人口が増加した（図7−7）。これに伴って、押立地区の小学校の児童数は、2004年から2011年にかけて増加傾向にある。地域の小学校では、12学級から15学級へ学級数が増加した（図7−8）。学区域では、戸建て住宅やアパート、マンションなどの集合住宅の建設に伴い、居住者が増えた。押立地区における子どもの増加は、主に学齢期の子どもをもつ家庭が、地区内に転居したことによる。

　小学校周辺の地域の環境に関して、1998（平成10）年と2009（平成21）年を比較すれば、住宅地と田や畑、果樹園などの農地が混在しているという地域の特色には変化が無いものの、学区域周辺の交通や土地利用では、いくつかの変化が読み取れる（図7−9、図7−10）。詳細に見れば、多摩川を渡り、東京都調布市と稲城市を結ぶ多摩川原橋の架け替え工事によって、鶴川街道が整備された。これに伴い鶴川街道沿いの地域にマンションや集合住宅が建設された。また、鶴川街道の整備によって、多摩川左岸の調布市とのアクセ

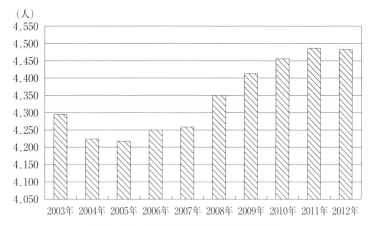

図7-7　押立地区における人口の推移
(稲城市資料により作成)

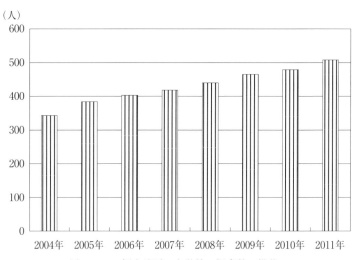

図7-8　押立地区の小学校の児童数の推移
(稲城市資料により作成)

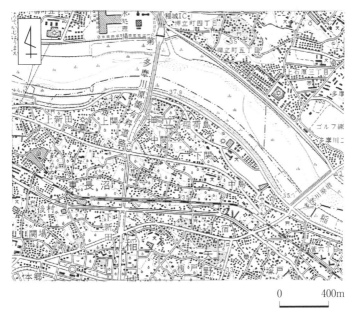

図7－9　学区域周辺　1998年
（1：25,000地形図「溝の口」平成10年部分修正　平成10年発行）

スが改善された。調布市には中央自動車道の調布インターチェンジがあり、高速道路へも短時間で乗り入れることができるようになった。また、学区を東西に走る鉄道は高架線になり、鶴川街道の踏切が解消した。さらに、同路線には快速電車が走るようになり、神奈川県川崎市方面、東京都立川市方面への移動が便利になった。このような地域の変化を受けて、学区域内において農地を宅地に転用する宅地開発が行われた。小学校に通学する子どもをもつ家族世帯が転入し、人口の増加に結びついたと考えられる。地域が都市化する傾向にあり、矢野口駅前にも新たに学習塾が開室した。

　都市化、土地利用の変化など地域の変化は、子どもの生活様式にも変化をもたらした。これらの結果、場所と子どもとのかかわりが希薄になり、知覚環境の発達に影響を与え、サーベイマップに移行する割合が減少したと考え

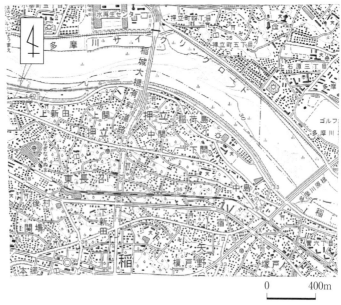

図 7 - 10　学区域周辺　2009年
(1:25,000地形図「溝の口」平成20年部分更新　平成21年発行)

られる。

第7章の注

1) $\chi^2(2) = 13.68$, $p < .05$
2) $\chi^2(1) = 1.98$, $p > .05$
3)「放課後の生活時間調査」は、無作為抽出の小学校第5学年から高等学校第2学年までが調査対象で自記式質問紙調査である。小学校第5・6学年の結果を示した。有効回答数は、第1回が第5学年1,339名、第6学年1,264名で、第2回が第5学年1,245名、第6学年が1,162名である。
http://berd.benesse.jp/up_images/research/2014_houkago_02.pdf（2015年4月15日閲覧）
4)「学校外教育活動に関する調査」は、第1回が2009年3月に、第2回が2013年3

月に子どもをもつ母親を対象にインターネット調査を実施した。調査対象は3歳から18歳の子どもをもつ母親で、小学生をもつ親は6,018名である。小学生全体の結果を示した。

http://berd.benesse.jp/berd/center/open/report/gakkougai/2013/pdf/001_030_Spreadsheet.pdf（2015年4月15日閲覧）

5）「子どもの生活実態基本調査」は、自記式質問紙調査で、小学校第4学年から高等学校第2学年が調査対象で、小学校第4学年のサンプル数は、第1回調査が1,494名、第2回調査が1,153名である。

http://berd.benesse.jp/berd/center/open/report/kodomoseikatu_data/2009/pdf/data_13.pdf（2015年4月15日閲覧）

第8章　知覚環境の発達と地理教育

第1節　地域学習と知覚環境の発達

　子どもの知覚環境は、一般にルートマップからサーベイマップへ発達する。子どもの知覚環境の発達の傾向を区分すると、小学校第3学年までが、ルートマップの形成期であり、小学校第4学年以降がルートマップからサーベイマップへの移行期と考えられる。小学校第3学年ころまでは、ルートマップを描く割合が高く、ルートマップからサーベイマップへの移行が始まる以前の段階である。したがって、第3・4学年は子どもの知覚環境の発達にとって重要な時期であり、言わば知覚環境の転換期と考えられる。

　小学校社会科では、第3学年に身近な地域を対象とした学習が位置づけられ、この単元から地図学習が開始される。しかし、第3学年のはじめは、多くの子どもはルートマップの段階にあり、広い環境をとらえることには困難が伴う。この実態を前提に、授業をデザインすることが重要である（吉田1991、2012）。

　本章では、このような子どもの実態を踏まえ、小学校第3学年社会「学校のまわりのようす」の授業実践について取り上げ、子どもの知覚環境の発達を促す地理教育について考察する。はじめに、授業実践例1として稲城市大丸地区における授業実践について報告し、単元の構成および地図の活用を中心とした学習内容について検討する。次に、授業実践例2として、稲城市押立地区における実践を基に、授業実施前と授業実施後の手描き地図の変化を通して、社会科学習と知覚環境の発達の関連について考察する。

　授業実践1と授業実践2の単元の指導計画は、基本的に同様の構成である。

しかし、単元のまとめの段階で、授業実践1においては、地域を比較する際に、幹線道路沿いの地域と幹線道路から離れた地域を比較し、まとめではグループで地域の地図を作成した。授業実践2においては、鉄道の駅の周辺の地域と駅から離れた地域を比較し、単元のまとめとして1人1枚の地図を作成した。一人ひとりが地図をまとめる作業では、個別の子どもに対して支援をする機会が設定できると考えられる。

第2節　身近な地域の学習　授業実践例1　大丸地区

第1項　単元の計画

　小学校第3学年の社会科においては、学年の最初に「学校のまわりのようす」の単元が位置付けられる。小学校学習指導要領（2008年公示）では、第3・4学年の内容に「（1）自分たちの住んでいる身近な地域や市（区、町、村）について、次のことを観察、調査したり白地図にまとめたりして調べ、地域の様子は場所によって違いがあることを考えるようにする。」と示される[1]。「次のこと」とは「特色ある地形、土地利用の様子、主な公共施設などの場所と働き、交通の様子、古くから残る建造物など」を指している。また、第3・4学年の目標には「地図や各種の具体的資料を効果的に活用し、」と示される。

　授業実践では、単元の目標を、「学校のまわりの様子について、地図を活用して調べ、地域の様子を理解し、場所による違いについて考えることができる。」とした。この単元では地域を調べる活動を基にして地図を作る学習が中心となる。また、第3学年から始まる社会科の最初の単元であり、子どもの学習への意欲が高い。ここでは、全体を11時間扱いとし、地域の探検に3時間を使った（表8-1）。単元の大まかな流れとしては、単元のはじめに、学区探検に行くための学習問題をつくり、探検の計画を立てた。その後、実

表8-1　単元の計画「学校のまわりのようす」　大丸地区

時	主な学習活動・内容	資料・地図・留意点等
1	○屋上で方位を知り、主な公共施設や建造物の位置をとらえる。	「東西南北体操」をする。
2	○通学路や学校の周りの様子を思い出し、地図に表現する。	B4判の白紙に地図を描く。
3 4	○学区域の地図を見ながら、学校の周りの様子を調べる計画を立て、学習問題を作る。	学区域の地図 指旅行をする。
5 6 7	○学区探検をする。	探検カード 学区域の地図
8 9 10	○学区探検で観察、発見したことをまとめ、地図に表現する。	模造紙 店・家・田などを表す色画用紙
11	○地図記号の意味をまとめ、地図をもとに調べて分かったことを発表する。	子どもが作った地図 指示棒　自分人形

(指導計画に基づき作成)

際に学区探検に出かけた。探検が終わった後は、地域の様子を地図にまとめて、表現・発表する構成にした。

第2項　授業の内容

第1時では、「東西南北体操」をして方位をとらえた[2]。屋上から周囲の景観を観察し、主な公共施設や建造物の場所を確かめた。観察を通して学校の北には多摩川が流れ、南には多摩丘陵が位置すること、東には緑地公園があり、西には市立病院があることが分かった。第2時では、一人ひとりにB4判の白紙を配り、子どもは通学路や学校のまわりの様子を地図に表現した。第3時では、学区域の地図を見ながら、学校の周りの様子を調べる計画を立てた。続いて第5・6・7時で、学区の探検に出かけた[3]。この後第8・9・10時では、グループごとに探検で調べたことを地図にまとめ、第11

時では、単元の最後に、地図で調べて分かったことを発表した。単元を通して地図を活用する場面を設定し、子どもの知覚環境の発達を促すように計画した。

第3項　学区探検

　第5・6・7時の学区探検では、学校を出発し、学校の近くのいちょう並木通りを通り、鉄道の踏切を渡り、川崎街道に出た。はじめに学校に近いいちょう並木通りの交通量を調べ、1分間に通る自動車の台数を数えた。自動車の台数は約7台であった。この後幹線道路の川崎街道でも同じように、自動車の台数を数えるとおよそ21台の自動車が通ることが分かった。また、川崎街道では道路の様子を観察し、道路に沿って店が多いことをとらえた。ここでは道路沿いにコンビニのセブンイレブン、マクドナルド・ドライブスルー、トヨタ自動車の販売店などの店が見られる。探検カードにある白地図に店を記入し、観察したことを記録した。

　学区探検の出発の前に「旧」の文字が地域のどこかにあることを示唆し、子どもに探してみるように促した。「旧」の文字は、まだ国語で学習していないので、「古い」ことを表すと説明した。探検の途中で子どもは「旧川崎街道」という表示を発見した。古い川崎街道が通っていた場所だと説明し、新川崎街道と旧川崎街道の様子を比べた。現在の川崎街道と比較すると、旧道は道幅が狭く、自動車の交通量も少ないことが分かった。また、旧川崎街道には、庚申塔があることを見つけた。そこから、点在する田や畑を見学し、大丸用水にかかる雁追橋（がんおいばし）を通り、学校へもどった。

　学校に帰ってから、調べたことを確かめた。小学校学習指導要領の第3学年の内容に示されるように、この学習では、子どもが「場所による違いを考える。」ことが求められる。場所による違いについて、どのような地理的事象の違いを取り上げるかは、小学校がある地域によって異なる。当該小学校の学区域では、学区域の南に主要な幹線道である「川崎街道」が通り、交通

量も多い。そこで、はじめに主要な幹線道路に面する地域には、どのような土地利用や景観の特色があるかについて見学したことを基に確かめた。そして、その特色を、幹線道路から離れた地域と比較することを通して、地域の違いや特色をとらえるようにした。

資料8-1　授業記録1
T　川崎街道の近くには、なぜお店がたくさんあるのですか。
C　川崎街道は、1分間に車が21台も通って、車がいっぱい通るからだと思います。
C　車がいっぱい通るのは、人がいっぱい通るのと同じことで、お店を開くとお客さんがいっぱいくるからです。
C　お店に人が来やすいと思います。
C　マンションは、普通の一軒家より人が多く住んでいるから、その近くに店を出した方がいいです。
T　なるほど川崎街道沿いはマンションがあるので、人がたくさん住んでいますね。
C　川崎街道は、道幅が広いから車がいっぱい通り、お店もあります。
C　車に乗っている人がたくさん来るからです。
C　川崎街道はいろいろな道路と合体していて（つながっていて）、車がいっぱい来やすいから、店もたくさんあると思います。
　　　　　　　　　　　　　　　　　　　　　※（　）は筆者による。

　子どもは、探検後の話し合いを通して、幹線道路である川崎街道に沿って商店が集積している事実をとらえ、その理由を交通量の多さとのかかわりで考えることができた（資料8-1）。

第4項　地図作り

　第8時からは、探検で調べたことをもとに、学校の周りの地図作りに取り組んだ。各グループに模造紙を配り、そこに子どもが地図を描いた。模造紙には、あらかじめ主な道路と鉄道、川を描いておいた。ルートマップの段階にある第3学年の子どもにとって、サーベイマップを基にした学校の周りの地図を描くことは、難しい課題である。主な道路や鉄道、川など基準となる

ものを与えることにより、学校の位置が分かり易くなり、学区の広がりをとらえられるようになる。また、このような準備によって、地図作りにかかる時間を短縮することができる。

　地図を作るにあたって、色画用紙を用意し、店は赤、水田は緑色、住宅は黄色、マンションはオレンジ色に色分けして、白地図に貼るようにした。このように色分けすることにより、大まかな土地利用の違いを容易に読み取ることができるようになる。川崎街道沿いには店が多く、そこから離れた学校の周りには田や畑があることが分かる。また、地図には方位記号と大まかな縮尺の記号を付けるようにした。子どもが作成した地図を見ると、川崎街道に沿って店が並んでいる様子、学校の近くに水田があることが読み取れる（図8－1）。

　絵地図作りが終わった段階で、地図記号について取り上げた。学校「文」、郵便局「〒」などの記号について説明した。小学校学習指導要領（2008年公示）の第３学年の「内容の取扱い」において、「（1）内容の（1）について

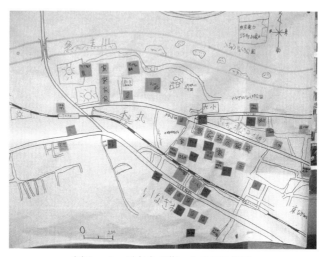

図8－1　子どもが作った地域の地図

は、方位や主な地図記号について扱うものとする。」と示される。方位記号や地図記号の意味について取り上げ、それらの有効性についてとらえることは、地図技能を高めるために重要であると考えられる。ここでは、授業の中で地図記号について取り上げた（資料8-2）。

資料8-2　授業記録2
T　絵の記号に比べて地図記号の良いところは、何ですか。
C　絵の記号を描くのに比べて、地図記号を描く方が、速く描けます。
C　絵は人によって描き方が違います。けど、地図記号は、いつも同じです。
C　地図を見たときに、記号を探せば、すぐに場所が分かります。
C　小学校はみんな文の記号で描いてあるので、地図記号を見ただけでは、どの小学校かは、分かりません。

　子どもの発言から、地図記号は、どの地図でも同じである共通の記号なので、個人による差がないこと、従って、地図を見るときに地図記号を知っていれば、必要な地物の位置を容易に検索できることをとらえていることが分かる。しかし、学校の名称は描かれていないので、地図記号だけでは、何と言う名前の小学校か分からないと発言している。子どもが実際に地図を作成する作業を体験してから、地図記号について考えると、その役割を明確にとらえるようになる。単に地図記号を覚えることにとどまらず、その便利な役割を理解することができる。

　地図が完成した段階で、地図を使った発表会をした。発表会では作成した地図を床の上に置いた。このとき、子どもが作成した地図の方位と実際の方位とが同じになるように配置した。小学校の教室は、一般に窓がある方が南になるので、地図の南を窓側に向ける。次に、児童が班ごとに指示棒をもち地図を指示しながら、学校のまわりの様子を説明する。このとき指示棒の先には自分人形をつけた。自分人形は、画用紙に自分をかたどった人形の絵を描いたもので、それを指示棒の先に付ける。これを使うと指示棒で指示した

場所に、自分が立っているような気持ちになる。この棒で地図を示し、道路や地物について説明していく。また、この時に学校の位置が分かり易いように、小さな箱を利用して校舎の模型を作り、地図上に配置した。この箱の模型には、学校の校舎の写真を貼りつける。さらに校舎の箱の上面には学校の地図記号「文」を付けた。これにより、学校の位置と地図記号を確認することができる。また、学校が上空からの視点で見るとどのように見えるか確かめられる。

このように地図を床に敷き、床地図にして活用する方法は、主に小学校第１・２学年で行われる。この方法は、第３学年のはじめの地図学習でも有効な方法と考えられる。

第５項　授業の振り返り

「授業に対する思い」「授業の発想」「授業の構成」「授業で用いる教材の開発」「日常での問題意識」の５点から授業のデザインと位置づけについて検討する[4]（図８－２）。

1　授業に対する思い

子どもにサーベイマップが描けるようになってもらいたいと実践者は強い思いをもった。しかも、野外での活動を通して、学習に意欲的に取り組んでもらいたいと願った。それには、子どもへ地域の情報を入力するため、すなわち、子どもが地域の情報を得るための学区探検を充実する必要がある。また、子どもからの出力としての地図を描く技能を高めることも同時に必要であると考えた。

2　授業の発想

本来子どもは、地域で自分から探検行動を行い、地域の情報を手に入れる。そして、探検を通して、自分の力で地図を描くことができるようになる。し

第8章　知覚環境の発達と地理教育　165

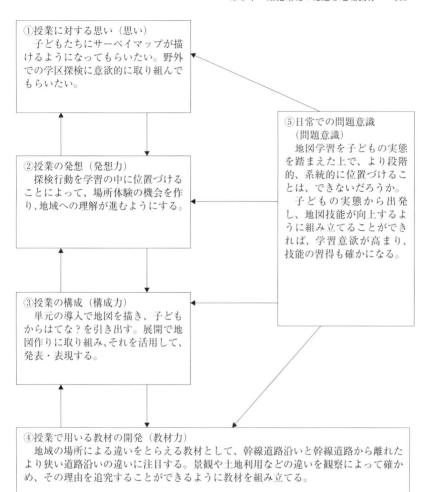

図8-2　授業デザイン　第3学年社会「学校のまわりのようす」

かし、現在では通学する学区内であっても、子どもが自由に探検をするには、制約が多い。そこで、小学校の授業の中で探検をすることを通して、地域の情報を手に入れ、それを地図に表現する過程を経験することが重要である。このような活動を位置づけ、地図を描くことができるようになるための授業を発想した。これらの活動によって、地域への理解が進み、単元の目標が達成できると考えた。

3　授業の構成

　この授業では、単元のはじめに地図を描く活動を取り入れている。子どもにとっては、非常に唐突といえる単元の導入である。しかし、この作業を体験することによって、子どもは、自分の住んでいる周りの様子を地図に描くことは、難しいと感じる。そして、いざ地図に表現しようとすると分からないことが多い事実に気づく。これが、この単元の学習問題を設定する契機となる。よく分からないところを調べに行きたいと思うことが、追究への意欲へつながる。そして、最終的に単元のまとめとして、学区探検で得た情報を地図に表現する活動に向かっていく。単元の導入から、まとめに向けて一貫して地図の活用を位置づけることができるように構成した。

4　授業で用いる教材の開発

　地域の特色をとらえる教材として、幹線道路とその周りの様子に注目した。幹線道路は、交通量も多く、道路に沿って店やマンションが建ち並ぶ。道路沿いの景観の特色、土地利用の特色をとらえることが重要である。加えて、「場所による違い」を取り扱うに当たって、当該学区域では、幹線道路の周辺とそれより交通量が少ない道路の周辺の地域を比較することが、「場所による違い」をとらえる学習内容として適していると考えた。

5　日常での問題意識

　第3学年のはじめに、社会科で地図学習が開始される。しかし、地図を提示すると、楽しそうに喜ぶ子どもが多いにもかかわらず、学ぶ子どもも教える教師も当惑する場面が少なく無い。「自分のいる位置が分からない。」「地図の上だとどこになるか分からない。」などの問題がなかなか解決できないのは、いったいなぜなのだろうかという疑問をもっていた。これを解決するためには、まず子どもの地図に関する実態を正しくとらえる必要があると考えた。また、子どもの実態から発想した教材開発が必要であると感じた。

　以上のデザインに従って、「学校のまわりのようす」の授業実践が展開された。サーベイマップを描くことができるようになろうという思いから出発し、地図を活用する教材の開発に取り組み、授業実践を進めた。実践者の思いを明確にし、教材開発を行うことによって、地図技能を高め、知覚環境の発達を促す実践が可能となった。

第6項　地図を描くという問題解決のプロセス

　学習における問題解決のプロセスには、「計画：方針の決定」段階と「実行：地図を描く」段階がある。「学校のまわりのようす」における地図に表現する学習では、地図を描き、表現することが問題解決をすることになる[5]（図8-3）。

　「計画：方針の決定」段階では、探検カードを読み取り、地図にどのように情報を描き入れていくか選択し、決定する。具体的には、学区探検で活用した地図付きの探検カードを読み取り、地図に何を描くか考え、地図情報を選ぶ。例えば、店がある場所を地図上に描くことを決める。まず探検カードの店のしるしを見て、それを地図に描く。このとき、探検カードから店の位置を確かめ、位置の知識を活用する。

　「実行：地図を描く」段階では、地図を作る。子どもに配った地図には、

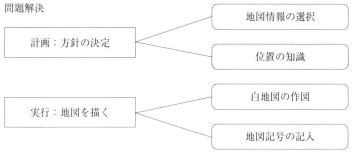

図 8 - 3　地図に関する問題解決

主な道路と鉄道が描いてある。その白地図に道路を描き足していく。さらに、必要な地図記号を記入する。この授業では、店の記号は、赤色の画用紙を使ったので、白地図上の店の位置に赤色の画用紙を貼る。

　白地図は、サーベイマップであるから、道路や鉄道などを基準として店の位置を確かめることになる。しかし、これを読み取ることが難しい場合は、学校の位置から地図上を指でたどり、位置関係を確かめ直すことが求められる。ルートをたどることを通して、位置を確かめ直し、その後、主な道路や鉄道との位置関係を確認し、ルートマップについての知識をサーベイマップについての知識に読み替えていくようにする。

第7項　知覚環境の発達を促す学習

　知覚環境の発達を促すためには、本来子どもによる多様な場所体験が必要である。しかし、現実には遊び行動を中心とした場所体験の機会が乏しくなっている。したがって、小学校における地理教育の授業の中に野外に出て場所体験をする機会を位置付けることが重要である。地理学習における「学区探検」では、授業の中における意図的、計画的な活動であり、学区内を自由に行動するわけではない。しかし、学区の土地利用や景観を観察、調査する活動では、その場所において活動し、その場所の意味をとらえ直す点におい

て、子どもにとって場所体験が成立していると考えられる。「道路を観察し、交通量を実際に調べ、地図に交通量を書き込む。」「地域の古いものを探し、旧道や庚申塔を発見し、位置を確かめる。」という活動は、これに属する。また、学習では地理的事象の位置に関して地図を活用して確かめる。この活動を通して、子どもは道路や地物の位置関係が分かるようになる。このような学習により、サーベイマップを描く基礎を養い、子どもの知覚環境の発達を促すことができると考えられる。

　地図づくりの活動においては、基準となる主要な道路、鉄道、河川は、予め模造紙に記入しておき、それらと学校の位置関係をとらえることができるように配慮した。このような学区域全体をとらえ、その中における学校の位置を確かめる学習は、ルートマップからサーベイマップへの移行を促進させる。

第3節　身近な地域の学習　授業実践例2　押立地区

第1項　授業実践の概要

　社会科における身近な地域の学習は、小学校第3学年に位置付けられる。第3学年の第1単元として「学校のまわりのようす」がある。子どもにとって社会科のスタートの学習であり、地域とかかわる単元である。「学校のまわりのようす」の単元の実施前と実施後にそれぞれ手描き地図調査を実施し、実施前後の調査を比較することを通して、「学校のまわりのようす」の単元の学習と知覚環境の発達の関係について検討する。研究対象地域は、稲城市押立地区である。

　小学校社会科第3学年の2011年度年間指導計画では、1学期が「学校のまわりのようす」、「市のようす」、2学期が「店ではたらく人」、「農家の仕事」、3学期が「古い道具と昔のくらし」、「つたえたいもの、のこしたいもの」、

という単元の配列となる。どの単元も身近な地域の教材を扱う。その中で身近な地域についての地図学習は、最初の「学校のまわりのようす」の単元に位置付けられる。

本実践を行うに当たり、社会科の「学校のまわりのようす」の学習の事前1回と事後2回、合計3回手描き地図調査を実施した。調査時期は、2011年4月8日、5月31日、2012年1月31日である。4月8日は、「学校のまわりのようす」の学習の第1時間目に当たり、学習前の子どもの実態を把握することができる。5月31日は、この単元の学習が終了した時点で、事前と事後の変容をとらえることができる。さらに、1月31日は、学習後9か月が経過した時点で、ある程度時間が経過した段階における子どもの変容をとらえられる。これらの結果をもとに、知覚環境の発達と社会科学習との関連について考察する。

今回の授業では単元の目標を、「学校のまわりの様子について、地図を活用して調べ、地域の様子を理解し、場所による違いについて考えることができる。」とした。この単元では地域を調べる活動を基にして地図を作る学習が単元の中心となる。また、第3学年から始まる社会科の最初の単元であり、この単元から地図学習が開始される。ここでは、全体を11時間扱いとし、学区の探検に3時間を使った（表8－2）。

「学校のまわりのようす」の授業実践の概要は次の通りである。第1時では、学校のまわりの様子を地図に描き、学校周辺の地域への関心を高めるとともに、地域について知っていることとまだ知らないことを分類した。第2学年までの生活科の学習には、地図を描く活動は位置付けられていない。第2時では、屋上から学校のまわりの様子を観察し、「東西南北体操」で学校を中心とした方位（8方位）を確認した。学校の南側には、鉄道が通り、多摩丘陵が遠望できる。北には多摩川が流れ、多摩川を北へ渡ると隣接する東京都府中市、調布市がある。第3時では、学区の地図を読みながら、主な道路や施設の位置関係を確かめた。学区には、駅が1箇所あり、鉄道に平行し

表 8 − 2　単元の計画「学校のまわりのようす」　押立地区

時	主な学習活動・内容	資料・地図・留意点等
1	○学校の周りの様子を地図に表現し、身近な地域に関心をもつ。	B4判の白紙に地図を描く。
2	○屋上での観察を通して、方位と主な施設や建造物の位置をとらえる。	「東西南北体操」をする。
3	○学区域の地図を活用して、主な道路、施設や建造物の位置を確かめる。	学区域の地図
4	○学区探検の計画を立て、学習問題を作る。	学区域の地図
5	○学区探検のコースを確かめる。	学区域の地図 指旅行をする。
6 7 8	○学区探検をする。	探検カード 学区域の地図
9 10	○学区探検で観察、発見したことをまとめ、地図に表現する。	探検カード、白地図シール
11	○地図記号の意味をまとめ、調べて分かったことを発表する。	学区域の地図

(指導計画に基づき作成)

て、幹線道路である川崎街道が通っている。学区域の地図を使って、主な道路と小学校の位置関係を確かめた。小学校の位置は、学区域のほぼ中央にあり、学区の中央を東西に通る「いちょう並木通り」に近い。主な道路と学校の位置関係を確かめることは、広域の環境をとらえる上で重要であると考えられる。第4・5時では、学区探検の計画を立て、学区探検のコースを地図で確かめた。どこを探検したらよいか子どもと話し合い、場所による違いをとらえるために、駅の近くと駅から離れた場所を探検し、比較できるように計画した。第6・7・8時では、学区探検に出かけた。第9・10時では学区探検で調べたことを地図にまとめ、表現した。

　単元の計画は、ほぼ前節の実践例1と概略は同様である。しかし、単元のまとめの地図づくりにおいて、白地図とシールを活用し、1人1枚の地図に

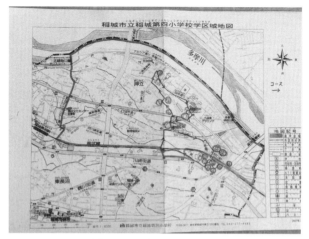

図8-4　学区探検カード

まとめた。

　単元の中で地図を活用するために、次のような活動を計画した。はじめに学区域の地図を活用し、地図を読み取ることを通して、道路や地物の位置関係を確かめた。また、学区探検では、実際に学区の地図を印刷した探検カードを携帯して、自分がいる場所を確認し、探検で発見したことを地図上に描き入れた（図8-4、図8-5）。探検カードは、学区域の地図を画用紙に印刷したものを用意した。主な道路に色鉛筆を使って着色し、道路と地物の位置関係が分かり易いようにした。また、カードはバインダーに挟んで探検のときに持って歩き、地域を観察して発見したことをその場所で描き入れるようにした。例えば、店や畑は記号を工夫し、学区探検カードに記入した。学区探検の終了後、学区探検で調べたことを地図にまとめて表現した。

　このような活動を通して、学区域の広がりが分かるようになり、地物の位置をとらえることができた。さらに、地図に表現されている地理的事象を読み取る読図、地理的事象を地図に表現する作図の技能を習得し、地図技能を向上させることができる。

図 8 - 5　学区探検の様子　駅周辺の見学
(2011年5月筆者撮影)

第 2 項　身近な地域の学習と知覚環境の発達

　第 3 学年の「学校のまわりのようす」の授業を実践する事前の 4 月の調査では、手描き地図の分類を見ると、約25％が非ルートマップとなる（図 8 - 6 ）。また、ルートマップ 1 型の地図も約25％ある。ルートマップ 2 型は約45％あり、最も割合が高い。ルートマップの合計は約70％となり、大多数の子どもがルートマップを描く。しかし、一部に非ルートの地図があり、ルートマップがまだ成立していない子どもが見られる。一方サーベイマップの割合は10％以下である。

　「学校のまわりのようす」の単元の終了後の 5 月の調査結果では、ルート 1 型の割合が約20％で、ルート 2 型の割合が約60％となる。サーベイマップの割合が約30％に増加し、より広い範囲を描いたサーベイ 2 型の地図が約 5 ％見られ、サーベイマップの割合が高くなる。これは、社会科における

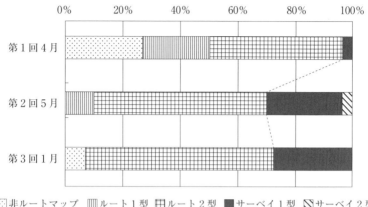

図8-6　身近な地域の学習前後における手描き地図の形態分類

「学校のまわりのようす」の学習を通して、地域の地図を読み取る活動、地域の地図を描く活動、また地域に出かけて行き学区探検をする活動などを通して、知覚環境の発達が促されたことによると考えられる。

　第3回の1月の調査の結果では、ルート2型の地図が約70%で、割合が最も高い。次に、サーベイ1型の地図が約25%見られる。学習後に実施した第2回の調査結果と比較すると、サーベイマップの割合はほぼ同程度であり、大きな変化は見られない。

　「学校のまわりのようす」の学習が知覚環境の発達に与える影響が著しく、5月の段階で、約30%がサーベイマップを描くことができるようになる。1月の調査では、サーベイマップの割合は、5月の調査とほぼ同様で、ルートマップからサーベイマップへ移行すると、ある程度時間が経っても、サーベイマップの割合が維持されると考えられる。

第3項　個別児童の手描き地図の変化

　児童8-①は、4月の調査においては、非ルートの地図を描いた

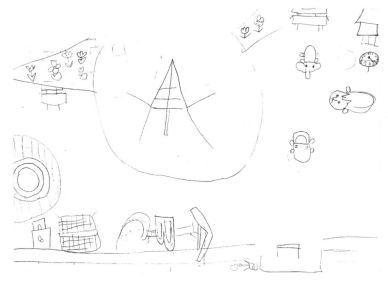

図8-7　手描き地図　児童8-①　4月　非ルート

(図8-7)。この地図では、道路は描かれず、主に公園の遊具が描かれ、アスレチックと思われる遊具を中心に地物が、散在している。これらの遊具は、子どもにとって日常の遊びに使う意味のあるものとして地図に描かれている。第3学年以前の学習や生活の中で、広がりのある環境を知覚するための場所体験の機会が充分には確保されていないこと、および身近な地域の地図を描く学習の機会が得られないことから、ルートマップが成立していないと考えられる。

「学校のまわりのようす」の学習後の5月に描いた地図を見ると、サーベイ1型の地図で、幹線道路の川崎街道が東西に延び、これを基にして道路や学校を描いている(図8-8)。幹線道路や鉄道を基準として、位置関係をとらえることができるようになっている。

3学期の1月に描いた地図では、「いちょう並木通り」が地図の中央を東西に通り、「鉄道」が南に描かれている(図8-9)。また、学区の北側の稲

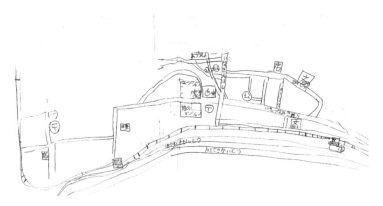

図8-8　手描き地図　児童8-①　5月　サーベイ1型

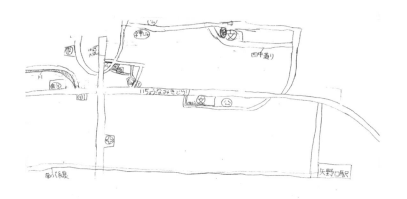

図8-9　手描き地図　児童8-①　3月　サーベイ1型

城大橋から南へ延びる道路が描かれ、これらを座標軸として小学校や、中学校を位置づけている。「いちょう並木通り」と「鉄道」を基準にして広い環境をとらえ、その中に学校を位置づけるという描き方は、前回の5月に描いた地図と基本的に同様である。

　すなわち、社会科における身近な地域の学習によって、地図の描き方に変化が見られた。授業における学区探検という探検行動と場所体験ならびに学

区の中における小学校の位置を地図を使って確かめる学習により、学区の広がりと地物の位置関係を把握できるようになることが明らかになった。

第4節　知覚環境の発達への身近な地域の学習の影響

　小学校第3学年の段階は、ルートマップの形成期に当たる。学年のはじめに社会科の「学校のまわりのようす」の学習が始まる時期では、ルートマップを描く段階の子どもの割合が高い。その後、この単元の学習の中で、学区探検を行い、地域を観察、調査する。これらの学習活動は、実際に地域に出かけて行き、そこで活動することによって、子どもに場所体験の機会を提供する。また、授業の中に、地図学習が位置づけられ、学区域の地図を読む活動、観察、調査したことを地図に表現する活動などを通して、学区の中における学校や自分の家の位置、並びに様々な地物の位置関係がとらえられるようになる（図8－10）。

　これらの学習を契機として、子どもの知覚環境が発達する。学習の事前と事後の手描き地図調査の結果から、学習前は、ルートマップの割合が高く、サーベイマップは少数であるのに対し、学習後は、サーベイマップの割合が増加することが確かめられた。

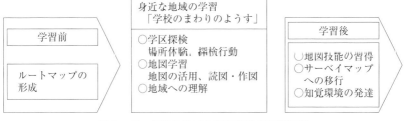

図8－10　身近な地域の学習前後の知覚環境

第5節　他教科との関連　算数

小学校における地理教育は、主として生活科および社会科において実践される。しかし、それ以外の教科においても、地理に関連する学習が行われ、地理教育は、言わばいくつかの教科に分属している（吉田 2003）。

特に地図の活用に関しては、生活科・社会科以外の教科においても関連が

表 8 - 3　小学校算数における地図とかかわりがある内容

学年	領域	内容
1	C 図形	（1）身の回りにあるものの形についての観察や構成などの活動を通して、図形についての理解の基礎となる経験を豊かにする。 イ　前後、左右、上下など方向や位置に関する言葉を正しく用いて、ものの位置を言い表すこと。
2	B 量と測定	（1）長さについて単位と測定の意味を理解し、長さの測定ができるようにする。 ア　長さの単位（ミリメートル (mm)、センチメートル (cm)、メートル (m)）について知ること。
3	B 量と測定	（1）長さについての理解を深めるとともに、重さについて単位と測定の意味を理解し、重さの測定ができるようにする。 ア　長さの単位（キロメートル (km)）について知ること。
4	C 図形	（2）図形についての観察や構成などの活動を通して、立体図形について理解できるようにする。 ア　立方体、直方体について知ること。 イ　直方体に関連して、直線や平面の平行や垂直の関係について理解すること （3）ものの位置の表し方について理解できるようにする。
5	C 図形	（2）図形についての観察や構成などの活動を通して、立体図形について理解できるようにする。 ア　角柱や円柱について知ること
6	C 図形	（1）図形についての観察や構成などの活動を通して、平面図形についての理解を深める。 ア　縮図や拡大図について理解すること。

（小学校学習指導要領算数　2008年公示による）

ある内容が含まれる（表8-3）。地図を活用する際に、長さ、広さの量を実感を伴ってとらえることが必要である。このような子どもが量を知覚する内容は、算数の学習の中で取り上げられる。また、縮尺に関する内容も算数において取り扱われ、地図と関連のある学習内容が含まれる。

　小学校学習指導要領算数（2008年公示）の内容では、第1学年でものの位置を言い表す学習が位置づけられる。位置を表現することは、地図の活用に関連する。第2学年では、長さの単位として「メートル」が登場する。第3学年では「キロメートル」を扱う。「キロメートル」について学習する際に、学校から1キロメートルの距離を測り、確かめる活動が位置づけられる（吉田 2009）。このとき、子どもは実際に歩くことにより、1キロメートルがどのくらい遠いか実感する。学校から1キロメートル離れた場所まで歩き、距離を確かめる活動を通して、学区の広がりが分かる。このような活動は、知覚環境の発達を促進させると考えられる。

　長さ、広さの単位を知り、量を知覚する内容に関しては、主として算数において取り上げられる。地理教育において地図を活用する際に、地図上の長さや広さを読み取ることが求められる。長さ、広さの知覚量を獲得することを通して、実感を伴って読図や作図の作業ができるようになる。物の位置の表現、立体図形の理解、知覚量の形成、縮尺の概念の理解などの点において、算数は知覚環境の発達に関連があるといえる。

第8章の注

1）小学校学習指導要領社会（2008年公示）による（文部科学省 2008a）。2017年に公示された学習指導要領においても、第3学年の内容に「（ア）都道府県内における市の位置、市の地形や土地利用、交通の広がり、市役所など主な公共施設の場所と働き、古くから残る建造物の分布などに着目して、身近な地域や市の様子を捉え、場所による違いを考え、表現すること。」と示される。

2）「東西南北体操」は、寺本潔氏の考案による。子どもが体を動かしながら野外で

8方位を確かめるための体操である。
3 ）学区探検は、グループ別の行動にはせずに、第3学年2クラスの子ども全員1組24名、2組23名計47名で探検を行った。
4 ）授業デザインに関しては、吉崎（2008）を参考にした。授業において子どもが野外で活動する学区探検を位置づけることが重要である。
5 ）算数数学における問題解決に関しては、瀬尾（2010）に詳しく論じられている。

第9章　結　論

第1節　知覚環境の発達に関する諸要因

　子どもの知覚環境の発達に対しては、発達を促進する要因と共に発達を抑制する要因がそれぞれ影響を与えると考えられる。

　子どもの知覚環境の発達には、個人的要因の内的要因として子どもの心理的発達、個人的要因の外的要因として遊びを中心とした場所体験および探検行動の成立、さらに環境的要因として地域環境、社会環境などが影響を与える。また、それ以外に生活科・社会科を中心とした地理教育とかかわる学校教育の作用があげられる。これらの諸要因に関して、以下の点が指摘できる。

第1項　心理的発達－個人的要因　内的要因－

　子どもの心理的発達が、知覚環境の発達を導く。年少の子どもは、心理的に未発達な段階にあり、小学校第1・2学年および第3学年までの手描き地図は、水平の視点から立面的表現で描かれる割合が高い。また、相貌的な知覚の傾向が強く、個別的、具体的な知覚の段階にとどまる。これは、地図に描かれる要素としての「小学校」の描き方の分析、および写真投影法による調査の結果から明らかになる。また、この時期の子どもは、描図技能を十分には習得していない。したがって、出現する手描き地図の形態分類は、ルートマップの頻度が高くなる。

　小学校第4学年以降においては、次第に立面的な表現から位置的な表現へ視点の転換が図られる。また、相貌的な知覚の傾向は、低減していく。地図を描く際に、視点が転換され、全体を見渡す総観的な見方ができるようにな

り、サーベイマップを描く前提が用意される。しかし、心理的な発達によってサーベイマップを描く前提が整ったとしても、これのみでは、サーベイマップは即座には成立しない。サーベイマップを描くためには、場所体験および探検行動によって広域の環境に関する情報を獲得する必要がある。

第2項　子どもの遊び行動とその制約－個人的要因　外的要因－

　知覚環境の発達に関する外的要因として、子どもの遊びを中心とした場所体験と探検行動の影響がある。子どもは、本来野外において、身近な地域の遊び場における活発な場所体験や新しい遊び場を求める探検行動によって、地域に存在する様々な地物やそれらの位置関係に関する情報を獲得する。これらの情報は、知覚環境を発達させるときの重要な素材となる。

　現代において子どもの遊び場は、都市の街区公園をはじめとする公園や広場に依存する割合が高く、計画されたオープンスペースや遊具スペースが主要な遊び場となる。遊びの内容は、外遊びではボール遊びが多く、内遊びでは、テレビゲームの割合が高い。本来、未知な世界を求めて自分の足を使って歩き、新しい遊び場を発見する探検行動、ならびに各々の遊び場で創意工夫しながら遊ぶ場所体験によって、さらに、新たに知り得た遊び場に関する情報をお互いに交換することによって、子どもの知覚環境は著しく発達すると考えられる。しかし、野外での遊びに対する制約の増加は、知覚環境の発達を抑制することに結びつく。

　野外での遊び行動を制約する要因として、通塾や習い事があげられる。学年が上がるに連れて、通塾や習い事の割合が高くなる傾向がある。特に小学校第5・6学年における通塾行動は、バスや電車などの公共交通機関を利用して移動することが多く、身近な地域に対する知覚を発達させることには至らない。また、休日ほどスポーツを含めた習い事や買い物などで忙しく、遊び仲間を得にくい現状があり、大人数の子どもが徒党を組んで野外で遊ぶ姿はほとんど見られない。このように遊び行動を前提とした場所とのかかわり

が希薄になっており、これらは知覚環境の発達を抑制する要因と考えられる。

第3項　地域環境の特色と社会的制約
　　―環境的要因　地域環境・社会環境―

　子どもが居住する地域環境および社会環境が、知覚環境の発達に影響を与える。東京近郊のニュータウン地域と在来の住宅地と農地が混在する地域の子どもの手描き地図と比較すると、立面的な表現から位置的な表現への移行については、ほぼ同様の傾向が見られる。しかし、手描き地図の形態分類は、ニュータウン地域の方がサーベイマップの割合が低い。ニュータウン地域は、均質な住宅地と街区公園から構成されており、子どもには土地利用や景観の特色がとらえづらい。また、幹線道路や鉄道などの基準となる要素が少なく、子どもにとって広い環境を知覚することに困難が伴う。地域環境における土地利用の多様性、道路、鉄道の配置、遊び場の立地が、知覚環境の発達に影響を与える。

　また、社会環境として、テレビゲームの普及、通塾や習い事の増加などの子どもの生活にかかわる変化が挙げられる。これらの生活の変化は、野外での遊び行動の時間を制約する点において、知覚環境の発達を抑制すると考えられる。

第4項　学校教育との関連

　知覚環境の発達に対する学校教育における地理教育の作用が認められる。サーベイマップを獲得することは、読図と作図両方の面において、地図を活用する基礎となる。地理教育の主要な目標のひとつは、サーベイマップの獲得とそれに基づく世界像の形成支援であると言える（斎藤 2003）。

　小学校における地域に関する学習は、子どもの場所体験を補完している点において、並びに地図に関する技能を向上させる点において、知覚環境の発達を促進させる。学校教育において、身近な地域を素材とした学習が、指導

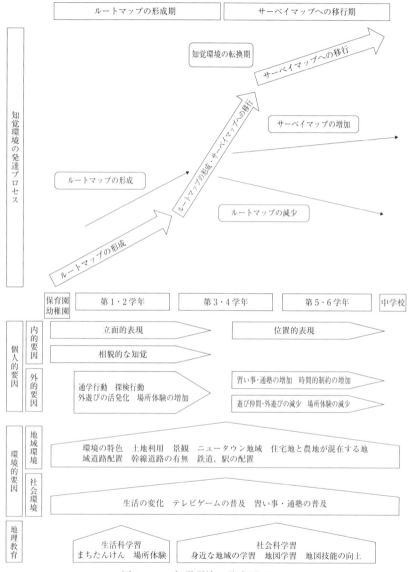

図9－1　知覚環境の発達プロセス

計画に位置づけられるとともに確実に実践されれば、不足しがちな子どもの日常的な場所体験を補う役割を果たす。また、社会科の地図学習は、地図に関する技能を高め、読図や作図などの作業を通して、地図からの情報の獲得および地図による表現を可能にする。これらは、子どもの知覚環境の発達を大きく促進させる。

これらの諸要因が影響を与えることにより、子どもの知覚環境の発達を促進、あるいは抑制すると考えられる（図9－1）。

第2節　知覚環境の発達プロセス

子どもの知覚環境の発達プロセスに関して、手描き地図調査を中心に実態調査に基づいて考察した結果、以下の事実が明らかになった。

第1項　知覚環境の発達の傾向と段階

子どもの知覚環境の発達に関して手描き地図の変化から考察すれば、保育園・幼稚園の年長児から小学校第3学年までが、「ルートマップの形成期」に当たることが明らかになる。保育園や幼稚園の年長児ですでにルートマップを描き始める。その後、学年が上がるにつれ、自分の家と学校を道路で結ぶ単純なルート1型の地図から複数のルートを描くより複雑なルート2型の地図に発達する。小学校第4学年から中学校にかけては、「ルートマップからサーベイマップへの移行期」である。この時期はサーベイマップを描く割合が徐々に増加する。

1　ルートマップの形成期　小学校第3学年以前

この時期は、地物と地物をルートで結びつけることによって、地図を描くことができるようになる。建物表現は、立面的な表現が支配的で、地図は水平からの視点で描かれる。また知覚の方法は、個別の事象を感情を込めてと

らえる相貌的な知覚の傾向が強い。また、地図に描かれた要素の個数は、小学校第3学年まで増加する。学校の描き方は、第3学年までに特徴があり、多数の個別の要素を描く地図が認められる。これは、第3学年までは、相貌的な知覚が残存しているためと考えられる。また、第3学年における写真投影調査によっても、相貌的な知覚の特色が読み取れる。立面的な表現から位置的な表現への視点の転換は、まだなされていない。

　この段階では、ルートを延長することによって知覚環境を拡大する。従って、地図に描き入れられる要素は増加し、地図に量的な変化が見られる。

2　「転換期」としての小学校第3・4学年

　小学校第3学年から第4学年にかけての時期は、知覚環境の発達の「転換期」として位置づけられる。第3・4学年の段階では、ルートマップからサーベイマップへの変化が起こり始め、最も発達が顕著である。基準となる幹線道路や鉄道によって、位置を確かめ地図を描くことができるようになる。これによって、次第に広い環境の中で座標軸となる道路や鉄道などの参照系を活用して位置を確かめることが可能となり、サーベイマップが増加する。すなわち、地図の描き方に質的な変化が訪れる。

3　ルートマップからサーベイマップへの移行期　小学校第4学年以降

　小学校第4学年以降は、建物表現では、立面的な表現より位置的な表現の割合が増加する。また、それと平行して相貌的な知覚が急速に消失する。すなわち、水平から垂直への視点の転換が行われ、個別的・具体的な知覚の方法から全体的・抽象的な知覚の方法への変化が始まる。

　地図に描かれる諸要素に関しては、それ以降著しい増加は見られず、その後大きくは変化しない。これは、学年が上がるに連れて、地図の描き方が簡略化するとともに、個別の事象とのかかわりが希薄になるためと考えられる。

　一方で、手描き地図の建物表現に関しては、第4学年で約半数が、立面的

な表現から位置的な表現に移行し、中学校第1学年では、約90％が位置的な表現となる。このことから、サーベイマップを描くために必要な視点の転換は、第4学年において既に開始され、中学校でほぼ達成されていると考えられる。

　学校の描き方は、小学校第3学年までは、多数の個別の要素を描く傾向が見られるが、第4学年以降は要素の数が減少し、様々な記号化の度合いが高まる。サーベイマップの割合は、小学校第4学年以降徐々に増加する。

第2項　知覚環境の発達の図式

　従来ハート・ムーア（1976）が示した発達の図式においては、未就学期の前操作的空間の段階から児童期の具体的操作空間の段階に発達すると、それに伴ってルートマップ型表象からサーベイマップ型表象へ移行することが示された。しかし、現代の子どもの発達プロセスでは、小学校に入学し児童期が到来しても即座には、サーベイマップへの移行がなされない。小学校第4学年以降に漸く、サーベイマップへの移行が始まることが明らかになった。また、ルートマップからサーベイマップへの移行は緩やかであり、小学校第6学年においても、サーベイマップを描くことができる子どもは、半数程度にとどまる。

　子どもの遊びを中心とした外的要因、および環境的要因が、知覚環境の発達を抑制する傾向が指摘できる。また、このような実態を踏まえ、知覚環境の発達を促進させるための学校教育における地理教育の役割がより一層重要となると言える。

第3節　地理教育への示唆

　小学校における地理教育は、主として生活科、社会科を中心に行われる。しかし、理科、算数などにも地理教育にかかわる内容が含まれ、実際には

様々な教科に分属している。

　小学校第1・2学年の段階は、「ルートマップの形成期」に当たる。この時期に、野外における場所体験を豊かにするとともに、地図の技能の基礎を習得することが求められる。遊びを中心とした場所体験は、子どもが地域に関する情報を得る機会を与える。授業の中で、野外での活動の機会を増やし、子どもの野外での場所体験を補完することが重要である。座標軸となる道路や鉄道をとらえ、基礎的な地図の描き方や方位についての学習を積極的に取り入れることが求められる。第1・2学年の生活科の学習の中に方位を確かめる活動、床地図を含めた様々な地図をめぐる活動を取り入れ、地図学習をカリキュラムに位置づけることが不可欠である。

　小学校第3・4学年の段階は、「ルートマップの形成期」から「サーベイマップへの移行期」に変化する「転換期」に当たり、地理教育においても鍵となる重要な時期であると考えられる。第3学年のはじめは、「ルートマップの形成期」の時期であり、ルートマップの段階にある子どもが多数である。この時期の地図学習において絵地図から平面地図への移行がなされる。はじめは上空からの視点に転換していない子どもが多いという実態を踏まえ、水平から見た地物と、上空から垂直に見た地物の見え方の差異を分かりやすく段階的に習得できるように計画し、野外における地域調査を通して、地図を活用し視点の転換を促す学習を用意することが重要である。

　第5・6学年においては、「サーベイマップへの移行期」である。しかし、サーベイマップへ移行する割合は、第3・4学年に比較すると高くない。これは、外遊びに対する制約が増加することと共に、学習の中で身近な地域の地図を描く機会が乏しいことによる。社会科の学習では、第5・6学年の内容の中で、直接身近な地域の素材を扱う学習が少ない。したがって、知覚環境の発達を促す教材を位置づけ、地域の地図を使い自身が生活する身近な地域を振り返る機会をもつようにすることが望まれる。

第4節　今後の課題

　現行の小学校社会科カリキュラムでは、第3学年以外では、身近な地域の地図に関する単元が、位置づけられていない。身近な地図の扱いに関しては各学校や授業者の裁量に任されているといえる。様々な制約から身近な地域と子どもとのかかわりが希薄化し、知覚環境の発達が抑制されている現状を考慮し、生活科および社会科を中心に他教科と連携しつつ、知覚環境の発達を促す身近な地域の学習を位置づけた地理カリキュラムを開発することが課題である。

　身近な地域に関する学習は、小学校第1・2学年の生活科、第3学年から第6学年の社会科において、地図の学習に関する「地図単元」を含め、段階的系統的にカリキュラムに位置づけることが望まれる。特に、小学校第1・2学年、第3学年では、ルートマップの段階にとどまる子どもが多いという実態を踏まえ、ルートマップからサーベイマップへの移行を促進させる学習を、生活科と社会科の双方において意図的計画的に実践する必要がある。

　さらに、子どもは、身につけた文化に従って環境を読み解くことができ、子どもの知覚環境は、世界像の形成の中核をなすと考えられる。サーベイマップに基づく地図による思考は、より客観的で自分の位置を相対化する公正な地理的見方・考え方の基礎となる。身近な地域にとどまらず、日本や世界の知覚も含め、子どもの知覚環境の研究をより発展させることが求められる。

　本研究においては、知覚環境の発達の男女差については、論及していない。また、本研究において環境として主に取り上げた内容は、子どもの身近な地域の環境に関してのみである。近年ではコンピュータを含めメディアが作り出した環境が拡大しつつある。テレビゲームを始めとする仮想の環境の普及によって、子どもにとって新たな環境が広がっていると思われる。これらについては、今後の課題としたい。

参 考 文 献

秋田喜代美（2010）：認知心理学は学習・教育の実践と研究に何をもたらしたか．市川伸一編『現代の認知心理学5　発達と学習』北大路書房　2-27．

泉貴久（1993）：近隣空間における児童の知覚環境の特性とその発達－広島市を事例として－．地理科学48(1)　33-52．

泉貴久（1994）：茨城県土浦市における児童の空間行動の拡大に伴う知覚空間の発達－行動圏抽出へ向けての一試論－．新地理42(1)　1-17．

伊藤克洋・加藤彰一（1995）：曲線道路を持つ住宅地の計画に関する研究－子どもの知覚環境形成過程から見た名古屋市東部住宅地の計画－．日本建築学会大会学術講演梗概集1995年8月号　783-784．

稲城市（2004）：『統計いなぎ　平成15年版』稲城市発行　183p.

稲城市社会科副読本作成委員会（2009）：『わたしたちの稲城』稲城市教育委員会発行　136p.

岩戸栄・佐島群巳（1977）：小学校における空間認識の発達に関する研究－スペースの異なる地図表現の場合－．地図15(2)　23-32．

岩本廣美（1981）：子どもの心像環境における「身近な地域」の構造．地理学評論54　127-141．

岩本廣美（1990）：小学校における地図の使用－動線の概念をめぐって－．地理科学45(3)　120-127．

岩本広美・安藤正紀・寺本潔・吉田和義・松井美佐子（1985）：子どもの心理的発達に関する地理学的研究－子どもの知覚・認知・心像をめぐる英米の研究動向を中心にして－．新地理33(2)　28-39．

ヴァレンタイン, G.（2009）久保健太訳：『子どもの遊び・自立と公共空間－「安全・安心」のまちづくりを見直す　イギリスからのレポート－』明石書店　248p. Valentine, G.（2004）: *Public Space and the Culture of Childhood*. Ashgate Publishing Limited, Hampshire.

ウェルナー, H. 園原太郎監修・鯨岡峻・浜田寿美男訳（1976）：『発達心理学入門』ミネルヴァ書房　583p. Werner, H.（1948）: *Comparative Psychology of Mental Development*. New York: International Universities Press, Inc.

大西宏治（1998）：岐阜県羽島市における子どもの生活空間の世代間変化．地理学評

論71A　679-701.
大西宏治（1999）：手描き地図から見た子どもの知覚環境－山村の事例－．新地理47(1)　1-13.
大西宏治（2000）：子どもの地理学－その成果と課題－．人文地理52　149-172.
岡林春雄（2003）：児童の認知地図作成における俯瞰の視点の作用．心理学研究74(1)　1-8.
岡本耕平（2000）：『都市空間における認知と行動』古今書院　228p.
加藤孝義（2003）『環境認知の発達心理学－環境とこころのコミュニケーション－』新曜社．180p.
加藤義信（2006）：空間移動にかかわる心理学の諸理論．岡本耕平・若林芳樹・寺本潔編『ハンディキャップと都市空間－地理学と心理学の対話－』古今書院　23-50.
加納潤吉・熊谷洋一・下村彰男・小野良平・石橋整司（2000）：多摩ニュータウンにおける街区公園の利用実態と公園の評価に関する研究．ランドスケープ研究63(5)　653-656.
木野弘之（1996）：子どもの身近な地域の構造と地図学習．新地理43(4)　25-38.
空間認知の発達研究会編（1995）：『空間に生きる』北大路書房　333p.
グールド，P.・ホワイト，R.山本正三・奥野隆史訳（1981）：『頭の中の地図－メンタルマップ－』朝倉書店　192p. Gould, P. and White, R. (1974): Mental Maps. Penguin Books Ltd.
酒川　茂（2004）：『地域社会における学校の拠点性』古今書院　308p.
斎藤　毅（1978）：児童の「心像環境」と世界像に関する方法論的一考察．新地理26(3)　29-38.
斎藤　毅（2003）：『発生的地理教育論－ピアジェ理論の地理教育論的展開－』古今書院　222p.
謝　君慈（2010a）：幼児の知覚環境形成に関する地理学的研究．博士学位論文（久留米大学）　409p.
謝　君慈（2010b）：景観写真による言語描写法からみた幼児の知覚環境形成－福岡県の農村地域における4歳男児Tを事例に－．新地理58(3)　1-14.
謝　君慈（2016）：台南市新化老街の歴史的町並みと街役場建物に関する幼児の知覚環境形成－景観写真による言語描写法を通して－．新地理64(1)　1-18.
進藤聡彦（2002）：『素朴理論の修正ストラテジー』風間書房　272p.
人文地理学会編（2013）：『人文地理学事典』丸善出版　761p.

椙村大彬・佐島群巳・岩戸　栄・須田担男・三木薫子（1961）：描図を主として見た小学校の一貫した地図指導　その1　その2．新地理9　82-117　195-238.
瀬尾美紀子（2010）：数学的問題解決とその教育．市川伸一編『現代の認知心理学5　発達と学習』北大路書房　227-251.
仙田　満（1992）：『子どもとあそび－環境建築家の眼－』岩波書店　205p.
仙田　満（2009）：『こどものあそび環境』増補版　鹿島出版会　350p. 初版は1984年筑摩書房刊
ダウンズ, R. M.・ステア, D. 編　吉武泰水監訳（1976）：『環境の空間的イメージ－イメージ・マップと空間認識－』鹿島出版会　470p. Downs, R. M. and Stea, D., eds.（1973）: *Image and Environment Cognitive Mapping and Spatial Behavior*. Chicago: Aldine Publishing Company.
髙井寿文（2004）：日本の都市空間における日系ブラジル人の空間認知．地理学評論77A　523-543.
髙井寿文・奥貫圭一・岡本耕平（2003）：手描き地図を用いた空間認知研究へのGISの適用．地図41(4)　27-36.
竹内裕一（1999）：社会科教育におけるまちづくり学習の可能性－子どもと地域の再生に向けて－．千葉大学教育学部研究紀要47（Ⅰ）教育科学編　55-69.
谷　直樹（1980）：ルートマップ型からサーヴェイマップ型へのイメージマップの変容について．教育心理学研究28(3)　192-201.
田村英子・田部俊充（2017）：東京都臨海部（中央区勝どき地区）における小学校中学年の子どもの知覚環境についての一考察．新地理65(1)　24-33.
寺島慈子・山田由紀子（2003）：児童の遊び場に関する研究－意識調査と認知地図による検討－．日本建築学会大会学術講演梗概集2003年9月号　729-730.
寺本　潔（1984）：子どもの知覚環境の発達に関する基礎的研究－熊本県阿蘇谷の場合－．地理学評論57　89-109.
寺本　潔・吉松久美子（1988）：手描き地図にみる子供の相貌的な環境知覚－日本とタイの山村の小学生の比較調査を事例として－．地理学報告（愛知教育大学地理学会）67　21-34.
寺本　潔・大井みどり（1987）：近隣における子供の遊び行動と空間認知の発達　愛知県春日井市の場合－．新地理35(2)　1-19.
寺本　潔（1988）：『子ども世界の地図』黎明書房　176p.
寺本　潔（1990）：『子ども世界の原風景』黎明書房　248p.
寺本　潔・岩本廣美・吉田和義（1991）子どもの手描き地図からみた知覚空間の諸類

型．愛知教育大学研究報告40　95-110．
寺本　潔（1993）：子どもの知覚環境と遊び行動－人文主義的地理学からのアプローチ－．国立歴史民俗博物館研究報告54　5-52．
寺本　潔（1994a）：子どもの知覚環境研究の展望－メンタル・マップと地理的原風景－．愛知教育大学研究報告43　75-88．
寺本　潔（1994b）：『子どもの知覚環境』地人書房　207p．
寺本　潔・大西宏治（1995）子どもは身近な世界をどう感じているか－手描き地図と写真投影法による知覚環境把握の試み－．愛知教育大学研究報告44　101-117．
寺本　潔（2003a）：子どもの知覚環境形成に関わる研究と教育の動向．人文地理55　477-491．
寺本　潔（2003b）：「子どもの地理学」研究の視点と意義．地理学報告（愛知教育大学地理学会）96　37-45．
寺本　潔・大西宏治（2004）『子どもの初航海－遊び空間と探検行動の地理学－』古今書院　164p．
寺本　潔（2004）：人文地理学における子ども研究の魅力（特別研究発表要旨）．人文地理56　85-91．
寺本　潔・山口美穂子（2004）：沖縄県石垣島白保における子どもの知覚環境の構造－写真投影法を中心にして－．地理学報告（愛知教育大学地理学会）98　27-50．
寺本　潔（2012）小学校低学年生活科における子どもの空間認知の形成－指導の課題と改善の方策－．玉川大学教師教育リサーチセンター年報3　15-23．
冨田昌弘（2003）：『子どもの生活空間認識の広がりを促す授業のあり方に関する学習臨床的研究』　平成13・14年度　愛知県大学派遣教員研修報告書（自費出版）126p．
中村　豊・岡本耕平（1993）：『メンタルマップ入門』古今書院　146p．
仁野平篤夫（1977）：描図力の発達とその啓発．新地理25(2)　40-56．
野間むつみ（2001）：子どもの遊び空間の3世代変化－茨城県内原町鯉淵小学校区を事例に－．茨城地理2　25-40．
初沢敏生・渡部　健（1999）：通学路における子どもの環境知覚－手描き地図の分析から－．福島大学教育実践研究紀要37　79-88．
ハート, R. A.・ムーア, G. T.（1976）空間認知の発達．ダウンズ, R. M.・ステア, D. 編, 吉武泰水監訳『環境の空間的イメージ－イメージ・マップと空間認識－』鹿島出版会　266-312．Downs, R. M. and Stea, D., eds. (1973) *Image and Environment Cognitive Mapping and Spatial Behavior.* Chicago: Aldine Publishing

Company.

波多野完治（1969）：『ピアジェの児童心理学』国土社　302p.

ピアジェ, J.・インヘルダー, B. 久米　博・岸田　秀訳（1975）：『心像の発達心理学』国土社　485p. Piaget, J. et Inhelder, B. (1966): *L'Image Mentale chez L'enfant.* Presses Universitaires de France.

藤永　豪（2001）：山間地域における子どもの遊び空間の変容－長野県四賀村保福寺町地区の事例－．新地理49(1)　1-18.

藤永　保監修（2013）『最新　心理学事典』平凡社　870p.

ブラッド, M.(2001) 子どもの経路発見を研究するための研究パラダイムと方法論．フォアマン, N.・ジレット, R. 編　竹内謙彰・旦　直子監訳『空間認知研究ハンドブック』二瓶社　117-142. Foreman, N.・Gillet, R., eds.(1997): *Handbook of Spatial Research Paradigms and Methodologies volume 1: Spatial Cognition in the Child and Adult.* Psychology Press.

松田君彦・徳永誠一（2006）：素朴理論の修正ストラテジーに関する研究（1）．鹿児島大学教育学部研究紀要　教育科学編　58　149-160.

文部科学省（2008a）：『小学校学習指導要領解説　社会編』東洋館出版社　139p.

文部科学省（2008b）：『小学校学習指導要領解説　生活編』日本文教出版　82p.

山口幸男（1988）：わが国における地理意識研究の分類と文献．新地理35(4)　33-39.

山崎　和（1987）：幼児の空間知覚について．香川大学教育実践研究7　1-9.

山野正彦（1985）：子どもの空間知覚－スリランカと日本の調査事例から－．岩田慶治編『子ども文化の原像－文化人類学的視点から－』日本放送出版協会　37-63.

山本朝彦・石川　誠（1987）：風景描写による子どもの環境認知の発達過程に関する研究．新地理36(1)　1-15.

山本利和（1995）：日常生活空間の認知と目的地への移動．空間認知の発達研究会編『空間に生きる』北大路書房　121-134.

吉崎静夫（2008）：『事例から学ぶ活用型学力が育つ授業デザイン』ぎょうせい　154p.

吉川博康（1960）：小学校低学年児童の地図表現力と地理的意識．新地理8　200-207.

吉田和義（1981a）：山村における子どもの知覚空間－山梨県北都留郡丹波山村の場合－（発表要旨）．新地理29(2)　69.

吉田和義（1981b）：子どもの生活．丹波山村誌編纂委員会編『丹波山村誌』丹波山村発行　171-180.

吉田和義（1991）：探検による地図づくりを取り入れた実践－第３学年・小単元「学校のまわりのたんけん」を通して－．次山信男・羽豆成二編『子どもが追究する社会科の授業　３年』教育出版　48-63.
吉田和義（2002）：児童の地図づくり．竹内裕一・加賀美雅弘編『東京学芸大学地理学会シリーズ１　身近な地域を調べる』古今書院　18-22.
吉田和義（2003）：知識・技能・認識の発達を促す小学校地理カリキュラムの開発．新地理50(4)　13-26.
吉田和義（2004）：『地理学習を面白くする授業アイデア』明治図書　116p.
吉田和義（2008a）：子どもの遊び行動と知覚環境の発達プロセス．地理学評論81　671-688.
吉田和義（2008b）：手描き地図からみた子どもの知覚環境の特性－東京都稲城市押立地区の事例－．学芸地理（東京学芸大学地理学会）63　23-33.
吉田和義（2009）：小学校算数における地図の活用．地図中心442　36-37.
吉田和義（2012）：子どもの知覚環境と身近な地域の学習．新地理60(1)　10-13.
吉田和義（2015）：小学校第３・４学年における子どもの知覚環境の発達に関する研究．新地理62(3)　29-42.
リンチ, K. 丹下健三・富田玲子訳（1968）：『都市のイメージ』岩波書店　276p. Lynch, K.（1960）: *The Image of the City.* MIT Press.
リンチ, K. 北原理雄訳（1980）：『青少年のための都市環境』鹿島出版会　201p. Lynch, K. ed.（1977）: *Growing up in Cities: Studies of the Spatial Environment of Adolescence in Cracow, Melbourne, Mexico City, Salta, Toluca, and Warszawa.* MIT Press.
若林芳樹（1999）：『認知地図の空間分析』地人書房　318p.
若林芳樹（2011）：メンタルマップと文化．中俣　均編『シリーズ人文地理学７　空間の文化地理』朝倉書店　44-68.
和田幸信（1988）：イメージマップからみた子供の生活空間とその認識に関する研究．日本都市計画学会論文集23　169-174.
和田幸信（1989）：子供の生活空間の認識と認知対象について－イメージマップからみた農村部における子供の生活空間に関する研究－その１．日本都市計画学会論文集24　103-108.
和田幸信（1990）：生活空間の広がりとその空間認識へ及ぼす影響について－イメージマップからみた農村部における子供の生活空間に関する研究－その２．日本都市計画学会論文集25　223-228.

渡部賢佑・鷺原　進（2006）：子どもの空間認識に関する基礎的研究―子どもの知覚環境研究の成果を手がかりとして―．愛媛大学教育実践総合センター紀要24　1-11.

渡部雅之・高松みどり（2014）：空間的視点取得における仮想的身体移動の幼児期から成人期に至る変化．発達心理学研究25(2)　111-120.

Appleyard, D.（1970）: Styles and methods of structuring a city. *Environment and Behavior* 2(1)　100-117.

Catling, S.（2005）: Children's personal geographies and the English primary school geography curriculum. *Children's Geographies* 3(3)　325-344.

Catling, S.（2006）: What do five-year-olds know of the world? -geographical understanding and play in young children's early learning-. *Geography* 91(1)　55-74.

Catling, S.（2014）: Giving younger children voice in primary geography: empowering pedagogy -a personal perspective-. *International Research in Geographical and Environmental Education* 23(4)　350-372.

Freeman, C.（2010）: Children's neighbourhoods, social centres to 'terra incognita'. *Children's Geographies* 8(2)　157-176.

Hart, R.（1979）: *Children's Experience of Place*. New York: Irvinton Publishers Inc. 518p.

Harwood, D. and Usher, M.（1999）: Assessing progression in primary children's map drawing skills. *International Research in Geographical and Environmental Education* 8(3)　222-238.

Holloway, S. L. and Valentine, G.（2000）: *Children's Geographies playing, living, learning*. London: Routledge. 275p.

Lehman-Fisch, S., Authier, J-Y. and Dufaux, F.（2012）: 'Draw me your neighbourhood': a gentrified Paris neighbourhood through its children's eyes. *Children's Geographies* 10(1)　17-34.

Liben, L. S. and Downs, R. M.（2003）: Investigation and facilitating children's graphic, geographic, and spatial development: an illustration of Rodney R. Cocking's legacy. *Applied Developmental Psychology* 24　663-679.

Matthews, M. H.（1984a）: Cognitive mapping abilities of young boys and girls. *Geography* 69　327-336.

Matthews, M. H.（1984b）: Environmental cognition of young children: images of journey to school and home area. *Transactions of the Institute of British Ge-

ographers N. S. 9 89-105.

Matthews, M. H. (1987): Gender, home range and environmental cognition. *Transactions of the Institute of British Geographers N. S.* 12 43-56.

Matthews, M. H. (1992): *Making Sense of Place: children's understanding of large-scale environments.* Hemel Hempstead: Harvester Wheatsheaf Publisher.

Matthews, M. H. (1995): Culture, environmental experience and environmental awareness: making sense of young Kenyan children's views of place. *Geographical Journal* 161(3) 285-295.

Matthews, M. H. and Limb, M. (1999): Defining an agenda for the geography of children: review and prospect. *Progress in Human Geography* 23(1) 61-90.

Shin, E. (2006): Using geographic information system (GIS) to improve fourth graders' geographic content knowledge and map skills. *Journal of Geography* 105 109-120.

Sibley, D. (1991): Children's geographies: some problems of representation. *Area* 23 269-270.

Smith, G. C., Shaw, D. J. B., and Huckle, P. R. (1979): Children's perception of a downtown shopping center. *Professional Geographer* 31(2) 157-164.

参考ウェブサイト・地図

地理院地図　http://maps.gsi.go.jp/?z=5&ll=35.99989,138.75#14/35.646172/139.495811（2015年4月15日閲覧）

地理院地図　http://maps.gsi.go.jp/?z=5&ll=35.99989,138.75#16/35.647663/139.500811（2014年8月15日閲覧）

谷　謙二（2012）:『時系列地図閲覧ソフト　今昔マップ2　CD版』

あとがき

　日本女子大学大学院人間社会研究科に提出した博士学位請求論文の主査を務めていただいた日本女子大学の田部俊充先生、副査をお引き受けいただいた同大学の吉崎静夫先生、瀬尾美紀子先生、千葉大学の竹内裕一先生、玉川大学の寺本潔先生には、大変荒削りな研究に対して、懇切丁寧にご指導いただいた。心より感謝申し上げます。

　勤務校の創価大学においては、創立者池田大作先生、学長馬場善久先生、前教育学部長坂本辰朗先生、教育学部長鈴木将史先生、社会科教育がご専門で教職大学院の宮崎猛先生をはじめ、多くの方々から研究を進めることに対して温かいご理解とご支援を賜った。お陰様でどうにか研究をまとめることができた。皆様に心よりお礼を申し上げます。

　思えば、東京学芸大学の斎藤毅先生にご指導頂き、まとめた卒業論文「子どもの知覚環境に関する研究　―山梨県北都留郡丹波山村の場合―」が、子どもの知覚環境の研究を始める端緒となった。関東山地にある山村の山梨県丹波山村(たばやま)の丹波小学校、鴨沢小学校に通い、子どもに手描き地図を描いてもらうとともに、子どもの遊び行動を観察した。岩本廣美先生（奈良教育大学）、石飛一吉先生（多摩大学附属聖ヶ丘中学高等学校）に子どもに関する調査や山村の調査の方法を教えていただいた。この研究の成果は、日本地理教育学会の例会で発表した。しかし、研究論文として学術誌に投稿するまでには至らなかった。

　大学卒業後、東京都の公立小学校に勤務し、子どもの知覚環境の研究に関心をもちつつも、毎日の授業を進めるために、小学校の地理教育に関する実践的な研究に取り組むことになった。再び子どもの知覚環境の研究に着手することができたのは、東京都から派遣していただき、東京学芸大学大学院修

士課程教育学研究科社会科教育専攻地理学コースに入学する機会を得たことによる。斎藤毅先生の後任として文化地理学の研究を進めていらっしゃった椿真智子先生をはじめ東京学芸大学の地理学研究室の先生方にご指導いただき、修士論文「子どもの遊び行動と知覚環境の発達プロセス ―ニュータウン地区を事例として―」をまとめた。小学校で子どもたちと接した経験を生かしつつ、子どもの知覚環境について見つめ直す機会となった。

その後、創価大学に奉職し、勤務しながら日本女子大学大学院人間社会研究科博士課程後期教育学専攻に入学させていただくことになり、子どもの知覚環境の研究を深めることができた。指導教員の田部俊充先生が主催するゼミでは、ゼミの先輩の加藤美由紀先生、田尻信壹、福田直、郭明、清永奈穂の諸氏をはじめゼミ生の皆様から貴重なご意見をいただいた。

さらに、子どもや手描き地図について以前から研究されていた大西宏治先生（富山大学）、泉貴久先生（専修大学松戸高等学校）の研究から多くの示唆を得た。また、私が所属する日本地理学会の地理教育専門委員会では、前委員長の井田仁康先生（筑波大学）、委員長の秋本弘章先生（獨協大学）をはじめ様々な所属の方々との議論から、小・中・高・大学など各学校の地理教育について知見を得ることができた。

東京都稲城市内の保育園・小学校・中学校では調査に当たって、園長先生、校長先生方をはじめ、多くの先生方のご理解とご協力を賜った。それぞれの園や学校で子どもたちには、いつも熱心に地図を描くことに取り組んでもらった。これらの方々に厚く感謝申し上げます。

最後に遠くから見守ってくれる亡父と、いつも私を応援してくれる母、義父母、妻と娘に感謝したい。

環境に恵まれ緑豊かな東京八王子、
加住丘陵の研究室にて

吉 田 和 義

索　引

あ行

赤レンガ公園　39
遊び空間　42, 43, 93
遊び時間　42, 45, 90, 93
遊び仲間　42, 46, 93, 104
アンケート調査　27, 83
移行期　124, 186
位置的　41, 65, 89, 111, 121
稲城大橋　116, 117
遠景　52
オープンスペース　148
大丸地区　83, 157
大丸用水　62, 68, 136, 144
屋上　170
押立地区　61, 109, 128, 136, 137, 151

か行

街区公園　28, 43, 62, 113
外的要因　182
学習塾　107, 153
学童保育　62
学校のまわりのようす　91, 92
画用紙　172
カリキュラム　77, 189
川崎街道　61, 100, 109, 124, 160
環境的要因　181
教材開発　167
行事　139
近景　52

銀のタヌキ　131
形態分類　33, 61, 63, 74, 110
個人的要因　181
コンビニ　129, 160

さ行

サーベイマップ　30, 61, 64, 79, 80, 103, 109, 131, 137, 144, 157, 183, 189
塞の神　130
座標軸　116, 138, 186
ザリガニ　114, 136
質問紙法　42
視点　143, 164, 181
自分人形　163
社会科　77, 91, 122
写真投影　51
ショッピングセンター　146
進学塾　148, 153
生活科　76, 79, 188
ぞうさん公園　39, 131
相貌的な知覚　47, 51, 58, 106
外遊び　146

た行

第三紀層　28
駄菓子屋　69
建物表現　39, 58, 64, 73, 106, 143
多摩川　61, 83, 89, 135, 159
多摩丘陵　119, 159
探検カード　167, 172

探検行動　93, 126, 141, 150, 164
知覚環境　27, 58, 67, 73, 79, 107, 135, 141, 168, 179, 181, 182, 185, 187
知覚量　179
地図学習　80, 157, 185
地図記号　162
地図技能　76, 77, 163, 172
中景　52
通塾　45, 147, 150, 182
鶴川街道　151
手描き地図　27, 30, 61, 103, 112, 131, 137, 142, 173
テレビゲーム　94, 149, 183
転換期　157, 186, 188
動線　64, 130
都市近郊　127
土地利用　84, 109, 116, 139, 158

な行

内的要因　181
ニュータウン　27, 128, 183
長峰地区　27, 128, 137

は行

白地図　158, 168

場所体験　67, 77, 93, 125, 150, 188
秘密基地　44, 95
描図技能　48, 67
非ルート　32, 33, 64, 131, 174
平面地図　5
方位記号　162
補習塾　95, 147, 148

ま行

まちたんけん　80, 91
身近な地域　91, 157
模造紙　169

や行

矢野口地区　136
遊具　175
床地図　164
要素　37, 66, 86, 112

ら行

ランドマーク　10, 67, 86
立面的　41, 64, 73, 89, 111, 121, 185
ルートマップ　30, 58, 63, 77, 80, 100, 109, 131, 137, 157, 189

著者略歴

吉田和義(よしだ　かずよし)

専門は地理教育、社会科教育、子どもの知覚環境研究。
1957年東京都生まれ。東京学芸大学卒業。同大学大学院教育学研究科修士課程修了。
日本女子大学大学院人間社会研究科教育学専攻博士課程後期修了。博士(教育学)。
東京都公立小学校教諭、創価大学教育学部准教授を経て現在創価大学教育学部教授。

主著

『地理学習を面白くする授業アイデア』(単著) 明治図書 2004年
『伝え合う力が育つ社会科授業』(共編著) 教育出版 2015年
『アイデアいっぱい地図授業』(分担執筆) 日本書籍 1990年
『地理教育カリキュラムの創造』(分担執筆) 古今書院 2008年
『地理教育講座　第Ⅱ巻　地理教育の方法』(分担執筆) 古今書院 2009年
『社会科教育の創造－基礎・理論・実践－』(分担執筆) 教育出版 2009年
『社会科力UP　授業が変わる地球儀活用マニュアルBOOK』(分担執筆)
　　明治図書 2011年
『教師のための現代社会論』(分担執筆) 教育出版 2014年
《Geography Education in Japan》(分担執筆) Springer 2015年
『アクティブ・ラーニングの基本と授業のアイデア』(分担執筆) ナツメ社 2017年
《Reflections on Primary Geography》(分担執筆) Geographical Association
　　2017年

手描き地図分析から見た知覚環境の発達プロセス

2018年5月31日　初版第1刷発行

著　者　　吉　田　和　義

発行者　　風　間　敬　子

発行所　　株式会社　風　間　書　房
〒101-0051　東京都千代田区神田神保町 1-34
電話 03(3291)5729　FAX 03(3291)5757
振替 00110-5-1853

印刷　太平印刷社　　製本　井上製本所

©2018　Kazuyoshi Yoshida　　　　　　NDC分類：370
ISBN978-4-7599-2227-1　Printed in Japan

JCOPY 〈(社)出版者著作権管理機構 委託出版物〉
本書の無断複製は、著作権法上での例外を除き禁じられています。複製される
場合はそのつど事前に(社)出版者著作権管理機構(電話 03-3513-6969, FAX 03-
3513-6979, e-mail: info@jcopy.or.jp)の許諾を得てください。